dessiner
c'est facile

Dans la même série

LE VENTRE PLAT
c'est facile
par Odile Payri

Pascale Montel

dessiner
c'est facile

*Illustrations
de l'auteur*

ALBIN MICHEL

Collection animée par
Elisabeth Lerminier

© Éditions Albin Michel S.A., 1985
22, rue Huyghens, 75014 Paris

ISBN 2-226-02266-X
ISSN 0764-1257

AVANT-PROPOS

Le dessin est une forme d'expression aussi ancienne, aussi lointaine, aussi instinctive que la parole ou le chant.

C'est un besoin que l'on trouve partout, à toutes les époques, dans toutes les civilisations, à tous les âges.

Le petit enfant dessine comme il parle, dans un style purement narratif et très spontané. Lorsqu'il grandit, son langage devient plus élaboré, l'idée plus abstraite. Il ne sait plus traduire par des images la complexité de ce qu'il ressent ; et parce qu'elle ne le satisfait plus il renonce à la pratique de l'expression graphique.

Le vide laissé par cet abandon est vécu par certains comme la grave insuffisance d'une chose nécessaire. Mais par ignorance, par l'impression que seules les personnes « douées » ou « initiées » peuvent pratiquer le dessin, ils restent insatisfaits.

Pourtant, au début, la connaissance d'éléments simples — matériel, techniques, genèse des formes — peuvent redonner le goût de la recherche artistique.

Cet ouvrage, qui n'est pas un livre sur l'art, s'adresse à ceux qui aimeraient s'exprimer par le dessin et qui n'osent pas, parce qu'ils ne connaissent ni le matériel, ni ses possibilités, ni la façon de s'en servir et qui ne savent pas comment débuter.

INTRODUCTION

Dessiner : pourquoi, comment ?

Vous avez envie de dessiner... Mais la chose ne vous paraît pas facile.

Vous avez envie de dessiner... Mais vous ne savez pas par quoi commencer, sur quoi dessiner, avec quoi dessiner et peut-être même pourquoi dessiner.

Vous avez envie de dessiner lorsque vous regardez quelque chose ou quelqu'un et que ce que vous voyez vous touche à un point tel que vous désirez conserver cette émotion, comme vous l'avez ressentie ; que vous désirez la raconter, autrement que par des mots.

Vous avez envie de dessiner pour laisser une empreinte, un geste, un message.

Vous voulez dessiner pour décorer... Vous voulez dessiner... pour dessiner.

Dessiner c'est avant tout tracer des signes, les organiser, les charger de signification.

Dessiner c'est chercher des correspondances : la parole exprime l'idée par le mot, la musique par le son, le dessin par le signe.

Le dessin est un langage, c'est un langage plastique, un langage qui existe à travers la forme, par la possibilité qu'on a de la travailler, de la modeler, de la transformer.

Le dessin est une écriture que la main trace et que l'œil

déchiffre, il est écriture car il est un langage de signes.

Comme tout langage il a son vocabulaire, sa grammaire, sa syntaxe, qu'il faut connaître pour le comprendre et le pratiquer.

Il est expression, il est communication.

Apprendre à dessiner n'est ni simple, ni rapide. Les techniques sont nombreuses, le langage est infini.

Le but de ce guide est de vous familiariser avec le matériel le plus souvent utilisé, d'en définir les contraintes, les caractères et les effets. Puis de tenter une approche des moyens graphiques qui permettent, par le dessin, de fixer une image, une pensée, raconter un objet, expliquer, décorer, illustrer, ou simplement rafraîchir le regard ou délasser la main.

Ce livre n'est ni un cours, ni une méthode. Il n'y a pas d'exercices à faire. C'est seulement une tentative de réponses aux questions qui sont le plus souvent posées lorsque des adolescents ou des adultes se trouvent confrontés aux problèmes de la représentation graphique ou formelle.

Il s'adresse aux néophytes, c'est-à-dire à la majorité des adultes qui n'a pas — ou si peu — reçu de formation plastique et qui n'a jamais, ou presque jamais, ressenti l'immense plaisir de dessiner.

Première partie

Le matériel, son utilisation

Les instruments

Crayon

La main qui trace des signes sur le sable de la plage, sur la poussière du sol, qui grave avec un caillou la pierre ou le mur, qui entaille avec un objet pointu l'écorce de l'arbre... est une main qui dessine.

Les signes sont plus ou moins éphémères selon le matériau sur lequel ils sont tracés : la mer et le vent effacent en un instant les lignes sur le sable ; la grotte garde éternellement le message gravé sur ses parois par les hommes de la préhistoire.

Le maniement des instruments et la qualité des matériaux utilisés ont une influence essentielle sur l'expression plastique ; chaque matière, chaque outil a ses propriétés particulières et la forme dépend directement de leur utilisation.

Le format a son importance dans l'élaboration de la forme : la dimension du mur et de l'affiche donne aux dessins qu'ils portent un caractère bien différent de celui du timbre ou de l'illustration d'un livre. Il faut également ment choisir le format d'après l'instrument utilisé : il est aussi irrationnel de remplir une immense surface que de dessiner une minuscule vignette avec un pinceau trop épais.

LE PAPIER

Les supports du dessin sont innombrables. Mais, pour pouvoir transporter un dessin ou l'effectuer n'importe où, il faut trouver un support mobile.

De l'argile aux chiffons

Dès les temps les plus anciens les dessinateurs utilisent des cailloux ou des plaques de céramique. En Egypte et au Moyen-Orient on préfère les lames d'argile et les feuilles séchées de papyrus. Les Grecs et les Romains se servent de tablettes de bois spécialement préparées et l'on trouve dès l'Antiquité les premiers parchemins obtenus à partir de peaux d'animaux.

Il faut attendre le XIIe siècle pour que parvienne en Occident une invention chinoise, vieille de plus d'un millénaire, qui consistait à utiliser les feuilles des végétaux : elles étaient hachées, malaxées avec de l'eau, encollées, tamisées, pressées puis séchées : c'était *le papier*.

Il a très vite remplacé le parchemin et c'est actuellement le support le plus utilisé et le plus pratique pour dessiner. C'est à la fois un matériau durable, solide, léger, qui existe dans de nombreux formats et conditionnements et dont le prix est peu élevé.

Les techniques de fabrication ont évolué et le papier est maintenant fabriqué industriellement. Seuls demeurent quelques rares artisans. Les plus beaux papiers sont fabriqués à partir de chiffons (d'où l'appellation «*pur chiffon*»). Les plus ordinaires contiennent du bois qui provoque le jaunissement du papier en vieillissant.

Question de grain

Tout papier peut servir de support au dessin. Aussi bien le papier journal que le papier d'emballage, que les papiers spécialement fabriqués pour le dessin. Il en existe quantité de marques. Les caractéristiques varient plus en fonction des types de papier que des marques.

On distingue deux catégories principales : les papiers lisses et les papiers à grains.
• *Les papiers lisses* ont à l'œil et au toucher un fini satiné ; on les nomme : *velin, lavis technique, bristol, calque...*
• *Les papiers à grains* ont une apparence granuleuse, rugueuse au toucher. Ils conviennent pour des dessins larges, des matières tendres ; ce sont les « *lavis A* », les « *lavis B* », les « *C à grains* » (une face lisse, une face grainée), les « *Ingres* » (grain régulier), les « *Aquarelles* ».

Question d'épaisseur

L'épaisseur du papier est une autre caractéristique importante. Elle se mesure par le poids du papier au mètre carré : plus il est lourd, plus il est épais. Les épaisseurs les plus courantes se situent entre 50 g/m^2 et 224 g/m^2.

50 g/m^2 est un papier fin convenant pour les esquisses au crayon ou stylo feutre, mais il ne supporte pas le gommage, l'encre ou l'eau.

En *240 g/m²* le papier est épais, solide, supporte les gommages, l'eau, les collages, les surcharges de matières.

La carte à gratter avec son support cartonné pèse *720 g/m²*.

Question de présentation

Le conditionnement présente aussi un intérêt pour l'utilisateur. Les papiers dessin sont présentés sous différentes formes :

— *Les carnets à dos cartonné et reliure en spirale*, sur le grand ou le petit côté suivant le format, aux pages faciles à tourner, permettent de dessiner sans support extérieur.

— *Les blocs*, dont le dos est également cartonné ; mais la reliure collée ne permet pas une manipulation des feuilles aussi facile que dans les carnets. Ils conviennent pour les dessins humides (lavis).

— *Les feuilles de petit format*, présentées en pochettes de feuilles séparées.

— *Les feuilles en grand format* (raisin ou grand aigle) vendues individuellement.

— *Les rouleaux*, de très grand format (10 m par 1,60 m) qu'il convient de débiter soi-même.

Les feuilles et les rouleaux ne peuvent être utilisés que sur un support plan et rigide extérieur : table, planche à dessin, carton à dessin... en les fixant par des punaises, papier collant ou pinces à dessin.

Les formats sont indiqués clairement sur tous les conditionnements. Citons pour mémoire les plus courants :

— Le format *raisin* : 50/65 cm

— Le format *grand aigle* : 55/75 cm
ainsi que leurs divisions :
— *1/2 raisin* : 50 × 32 cm
— *1/4 raisin* : 24 × 32 cm
— *1/2 grand aigle* : 55 × 37,5 cm
— *1/4 grand aigle* : 27,5 × 37,5 cm
• Les formats normalisés correspondent aux formats
industriels :

A0 = 840 × 1 189 mm		*B0* = 1 000 × 1 414 mm
A1 = 840 × 594 mm		*B1* = 1 000 × 707 mm
A2 = 420 × 594 mm		*B2* = 500 × 707 mm
A3 = 420 × 297 mm		*B3* = 500 × 353 mm
A4 = 210 × 297 mm		*B4* = 250 × 353 mm
A5 = 210 × 148 mm		*B5* = 250 × 176 mm
A6 = 105 × 148 mm		*B6* = 125 × 176 mm

La plupart des pochettes, blocs, carnets ou feuilles de
toutes les qualités existent dans ces formats.

INSTRUMENTS ET TECHNIQUES

Il est bon de connaître les matériaux utilisés pour le dessin sur papier, avec leurs propriétés spécifiques, leur maniement, leur entretien.

Chacun possède des qualités expressives qui lui sont propres et qu'il faut expérimenter.

Le crayon

Graphite et argile

Le crayon est l'héritier direct des pointes métal (plomb, argent ou or) qui furent utilisées depuis la plus haute Antiquité sur des supports spécialement préparés.

En 1560 on découvre dans le Cumberland le graphite, pierre à base de plomb, qui va à partir du XVIIIe siècle remplacer les pointes métalliques. Son trait est fin et précis et la surface sur laquelle on l'emploie n'a pas besoin de préparation spéciale pour que le trait apparaisse.

Pour corriger son manque de solidité on l'imprègne de colle et on en fait de fins bâtonnets, les mines, que l'on protège par de petites baguettes de bois. Le crayon est né.

À la suite des difficultés d'approvisionnement en graphite anglais, dues aux problèmes de relation entre la France et l'Angleterre à la fin du XVIIIe siècle, un Français, Conté, invente un substitut du crayon de graphite pur en y mélangeant de l'argile.

Le dosage des différents composants permet d'obtenir des mines de différentes qualités.

Actuellement les crayons à manche en bois sont toujours utilisés, mais il existe également des porte-mines en métal ou en plastique qui contiennent des mines plus ou moins épaisses et de duretés variées.

Histoire d'H et de B

Le crayon est un objet pointu plus ou moins acéré suivant que sa mine est *fine, dure, affûtée, plus épaisse, tendre, usée.* La trace grise ou noire qu'il laisse est un point à son impact, une ligne lorsqu'il se déplace, une surface lorsqu'on le frotte sur le papier (*fig. 1*).

La dureté du crayon est exprimée par des lettres accompagnées de chiffres :

— *H, 2H, 3H, jusqu'à 9H* pour les *mines dures* ; le trait est clair, presque invisible pour les mines 8H et 9H ; la mine s'use peu. Ce type de mine est le plus souvent utilisé en dessin technique ou lors d'études préparatoires pour des dessins plus poussés.

— *B, 2B, 3B, jusqu'à 9B* pour les *mines tendres.* Le trait est beaucoup plus foncé, noir pour les mines très tendres (7B, 8B, 9B). Le trait moins incisif a tendance à charbonner. Ces mines sont utilisées pour des dessins rapides, définitifs, ou lorsqu'on dessine des contrastes importants ; les mines s'usent rapidement et demandent à être taillées souvent.

— *HB* est un crayon de dureté moyenne qui permet d'obtenir des valeurs foncées, mais aussi de tracer des traits légers que l'on peut effacer facilement.

Ces crayons ordinaires sont numérotés de *1 (tendre)* *à 4 (dur)* (*fig. 2*).

Le trait

Le caractère du trait dépend de la dureté de la mine, mais aussi de la pression de la main. L'intensité du trait varie suivant qu'il est clair ou foncé, léger ou gravé, et de la façon de tenir le crayon ; le travail avec la pointe de la mine en tenant le crayon presque perpendiculairement au dessin ou avec toute sa longueur en utilisant le crayon quasi parallèlement à la surface du dessin donne une trace précise et fine ou épaisse et floue.

La mine

Les crayons à manche en bois sont taillés avec des *taille-crayons* vendus dans le commerce. On peut aussi le faire avec des lames, cutter ou rasoir, qui permettent de travailler la longueur de la mine d'une façon plus souple. On peut également se procurer un *grattoir* formé par un morceau de papier abrasif fixé sur un support quelconque avec lequel on affûte la mine par frottement.

L'*estompe*, formée d'une feuille de papier tendre, enroulée et serrée sur elle-même en forme de crayon, permet d'écraser et d'étaler la poudre de crayon sur le papier, rendant les gris plus uniformes et créant des effets nuageux. Mais il faut se méfier du manque de rigueur de la forme ainsi créée et de la mollesse de la matière (*fig. 3*).

Crayon et papier

Le crayon peut être utilisé sur n'importe quel papier ; fin lorsque le trait est léger et ne demande pas de repri-

PLANCHE 1

Les crayons

Figure 1 : Traces

Figure 2 : Mines

Figure 3 : Estompe

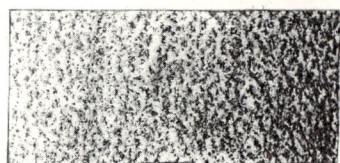

Figure 4 : Textures

PLANCHE 2

Les techniques du crayon

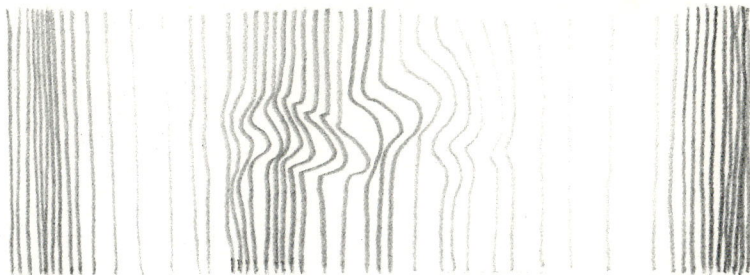

Figure 5 : Lignes

Figure 6 : Structures

Figure 7 : Surfaces

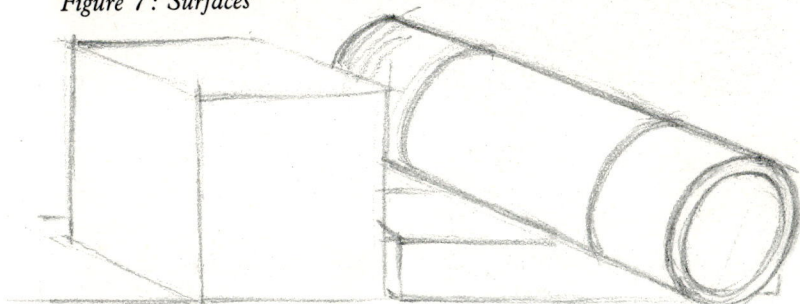

Figure 8 : Contours

ses ou de surcharges ; épais lorsque le dessin est plus travaillé ; lisse pour une plus grande précision du trait ; grainé, pour mieux accrocher les mines tendres ou chercher des effets de matière (*fig. 4*). La couleur du papier importe peu à condition qu'elle ne soit pas trop foncée.

Pour quoi faire ?

Le crayon sert à tracer des **lignes** (*fig. 5*), des **structures** (*fig. 6*), des **surfaces** (*fig. 7*). La surface doit être pleine et ne pas contenir de blancs ; on peut l'exécuter régulièrement en couches parallèles ou superposer les directions différentes avec énergie. Le crayon sert aussi à mettre en place un **dessin** (*fig. 8*) : les lignes de construction lorsqu'elles sont légères ne gênent pas le dessin, il suffit de forcer le trait définitif pour qu'il apparaisse avec beaucoup d'évidence.

Effacer

Le crayon s'efface à la **gomme** que l'on utilise pour faire disparaître les parties inutiles du dessin. Elle est cependant inefficace sur les traits trop appuyés ou sur les surfaces trop importantes ou trop foncées. Elle peut être en latex ou en plastique. Il faut la choisir douce et de bonne qualité. Lorsqu'elle est sale il suffit de la frotter ou de la laver à l'eau savonneuse pour qu'elle retrouve toute sa netteté.

Le fusain

Le charbon de bois a été l'un des plus anciens matériaux utilisés pour le dessin. Il sert actuellement sous le nom

PLANCHE 3

Le fusain

Figure 9 : Au trait

Figure 10 : Estompé

Figure 11 : De chant   *Fusain*

de fusain (bien qu'on emploie aussi le charbon d'autres essences de bois).   *pénétrant, mordant*

Le trait du fusain est moins incisif que le trait du crayon ; il se rapproche plus de la tache picturale avec une infinité de nuances des plus pâles aux plus foncées. Il existe en différentes duretés et différentes épaisseurs.

On peut l'employer *comme le crayon* plus ou moins affûté (*fig. 9*) — il peut être *estompé* (*fig. 10*) et utilisé *de chant* (*fig. 11*). On obtient grâce à cette technique une très grande variété de traits, fins, épais, clairs, foncés, durs, souples, précis, ou lâches.

Les surfaces se travaillent avec le fusain de chant, ce qui permet de les couvrir très rapidement de gris de différentes valeurs, légèrement brunâtres, moins précis qu'avec le crayon, mais beaucoup plus savoureux.

Sa matière tendre n'accroche que sur des *surfaces grainées*. Le papier qui convient le mieux à cet usage est le papier Ingres.

On corrige les dessins au fusain en l'effaçant avec un *chiffon doux* (peau de chamois) ou avec une *gomme malléable* dite « mie de pain ».

Il est indispensable de *fixer* les dessins ainsi réalisés. On utilise les fixatifs pour crayon et fusain que l'on trouve dans le commerce, ou on le fabrique en mélangeant 2 ou 3 parts d'alcool à brûler avec une part de gomme arabique. On projette le fixatif grâce à un vaporisateur buccal dans lequel on souffle à environ 50 cm du dessin tenu verticalement.

La technique du fusain convient plus particulièrement aux dessins de grandes dimensions.

L'encre

L'encre, la plume et *le pinceau* sont des matériaux et

L'encre : graphismes

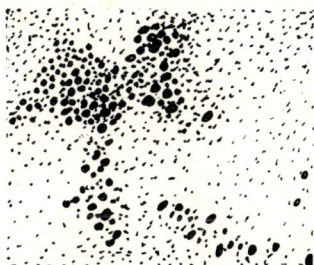

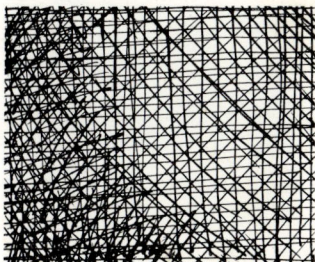

L'encre : textures

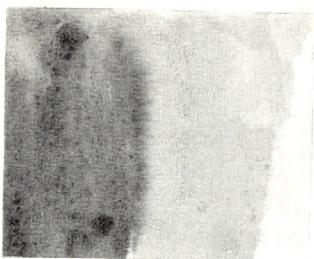
Figure 12 : Lavis

Figure 13 : Graphisme sur fond mouillé

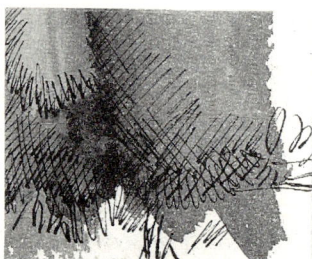
Figure 14 : Lavis sec

Figure 15 : Empreintes (doigt)

Figure 16 : Empreintes (chiffon)

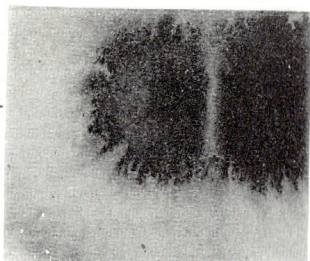
Figure 17 : Projection sur fond mouillé

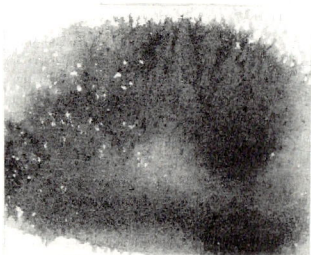
Figure 18 : Estompage

Figure 19 : Soufflage

instruments d'écriture et de dessin utilisés depuis plus d'un siècle par la plupart des artistes.

• *L'encre de Chine liquide,* la plus connue, était, à l'origine, fabriquée à partir d'un mélange de noir de charbon et de gomme arabique, ce qui lui donne une coloration d'un noir profond, intense et brillant. Elle est diluable à l'eau et indélébile lorsqu'elle est sèche, ce qui permet des superpositions de couleurs et de lavis. (Le lavis est une technique de couleur à l'eau. Un lavis d'encre de Chine donne des valeurs transparentes de gris, des plus clairs aux plus foncés.) On trouve l'encre de Chine dans toutes sortes de coloris — la sépia, le brou de noix et le bistre sont d'un brun chaud.

• *Les encres à dessiner liquides* ont un aspect plus mat que l'encre de Chine, elles peuvent être indélébiles.

• *Les encres pour l'écriture* s'utilisent comme les encres à dessiner mais ne sont pas indélébiles.

Il existe enfin toutes sortes d'encres adaptées à des usages particuliers : encre pour stylo à pointe tubulaire ou porte-plume à réservoir, encre pour films polyester, clichés photographiques, Rhodoïd, etc. On les trouve dans le commerce en flacons, bidons, cartouches, pots... de différentes capacités.

Les nuances des dessins à l'encre s'obtiennent soit par *graphisme* en accumulant points ou lignes : pointillés, alignement, hachures, gribouillage (*planche 4*) soit par *lavis* (*fig. 12*). On peut combiner les deux techniques. Des effets particuliers apparaissent alors : dessin en projections sur fond mouillé (*fig. 13, fig. 17*), ou sur lavis sec (*fig. 14*). On peut appliquer l'encre avec différents objets : doigt (*fig. 15*), tissu (*fig. 16*), soit par estompage (*fig. 18*) ou par soufflage (*fig. 19*)...

Toutes les expériences sont bonnes à faire car les possibilités expressives sont illimitées.

Pour *effacer les taches indésirables* il faut soit éponger immédiatement et rincer à l'eau claire, du bout d'un pinceau, ou plutôt bien laisser sécher la tache puis la gratter délicatement avec une lame de rasoir et enfin gommer.

Les plumes

Trois types de plume se sont développés au cours des siècles :

— *la plume de roseau*, formée par un roseau de faible diamètre taillé en pointe à son extrémité, est apparue dès le VIIe siècle. Elle était employée pour l'écriture des manuscrits, elle donne un trait large et uniforme.

— *la plume animale* : plume d'oie, de cygne ou de corbeau, taillée à la main et refendue donne un trait souple avec des pleins et déliés. Elle fut particulièrement répandue entre le XVe et le XVIIIe siècle, époque à laquelle apparait la plume métal qui s'est universellement imposée.

— *la plume métal* se présente actuellement sous des formes diverses :

• *les plumes ordinaires*, les plus faciles à utiliser, les moins chères, s'utilisent avec un porte-plume. Elles peuvent avoir des formes et des épaisseurs différentes.

• *les plumes dures et fines* forment un trait fin régulier ;

• *les plumes souples* dont le bout s'ouvre légèrement sous la pression de la main donnent un trait varié plus ou moins épais ;

• *les plumes à palette* munies d'un cavalier faisant office de réservoir sont numérotées en fonction de l'épaisseur du trait qu'elles dessinent.

Toutes s'utilisent avec n'importe quel type d'encre. Mais les stylos à plume ordinaire ne peuvent être utilisés qu'avec des encres pour l'écriture.

PLANCHE 6

Les plumes

ordinaire

ordinaire

à palette

tubulaire

Roseau

Oiseau

Tire-ligne

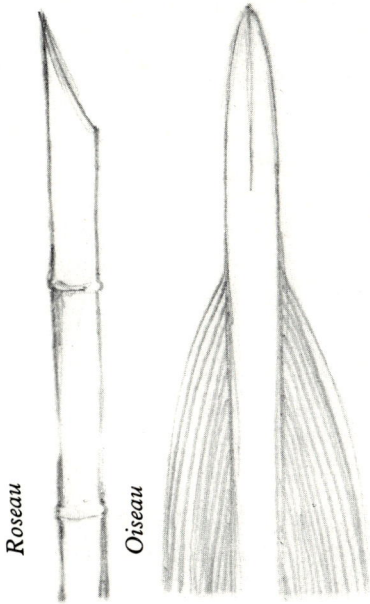

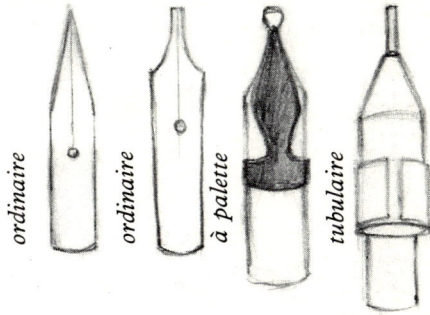

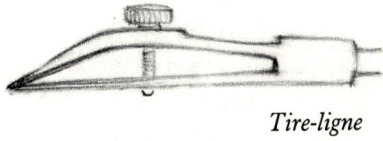

Stylos à réservoir

Plumes interchangeables

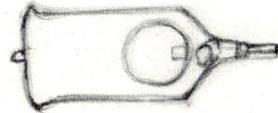

Les traits de plume

Plume fine

Plume souple

Pointe tubulaire *fine*
large

Porte plume à réservoir

Stylo-bille

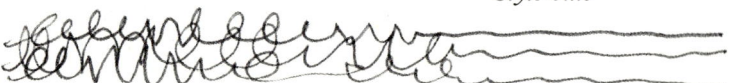

Stylo-feutre *pointe fine*
pointe large

pointe large biseautée

• *Les stylos à pointe tubulaire* ou les porte-plume à réservoir, plus spécialement adaptés au dessin technique, ont des plumes interchangeables et demandent à être nettoyés régulièrement avec des solvants spéciaux.

• Sont apparus assez récemment sur le marché *les stylos à pointe bille et feutre.* Ils sont d'un usage courant pour l'écriture et servent tout aussi bien au dessin.

Les stylos-billes à encre grasse laissent un trait régulier rond.

Les stylos-feutres sont d'une grande diversité : *à pointe moyenne ou fine,* ronde ; *à pointe nylon* ultra-fine ; *à pointe bille* (ils peuvent servir aux rapports sur papier carbone). Ils servent aussi bien à l'écriture qu'au dessin de précision. *À pointe large,* ronde ou biseautée, ils servent à colorer les grandes surfaces ou à tracer les traits épais.

Leur encre est souvent diluable à l'eau ou à l'alcool. Ils s'usent vite mais sont pratiques et faciles à remplacer. Ils existent dans de nombreux coloris.

Les plumes permettent d'élaborer des dessins à partir du point et de la ligne, les valeurs sont obtenues par accumulations de hachures ou structures.

Le papier utilisé doit être bien collé et ne pas faire de peluches qui s'accrochent au bout des plumes. Ce sont les lavis, lavis techniques, le bristol et le papier calque qui conviennent le mieux pour le dessin à la plume.

Le pinceau

Généralement utilisé en peinture, le pinceau sert également pour le dessin à l'encre. Il doit être de bonne qualité, **doux** et **souple**, de préférence en martre, petit gris ou encore de type japonais, et doit «*faire la pointe*» lorsqu'il est mouillé.

Le pinceau

Figure 20 : Tache

Figure 21 : Taches

Figures 22-23 : Lignes

Figure 24 : Structures

Il est utilisé *pour le dessin au trait* ou le *lavis*. On mélange l'eau et l'encre de Chine directement avec le pinceau sur la palette. Les essais de couleur se font sur un papier identique à celui du dessin. Les lavis très humides exigent un papier de qualité et assez fort (200 g/m² minimum).

Le dessin au pinceau demande un *certain entraînement* ; sa souplesse nuit à la précision de la forme. On ne peut pas s'appuyer sur la pointe comme on le fait avec la plume ou le crayon. On ne dessine pas seulement avec la main mais avec tout l'avant-bras. Le geste est plus large et plus décisif.

La trace du pinceau est *la tache*, dont le caractère dépend de la qualité du pinceau et de la façon de le manier (*fig. 20 et 21*). Elle a un caractère pictural : le trait est irrégulier, les limites sont imprécises, les formes vivantes, les valeurs subtiles, la ligne fluide et souple (*fig. 22 et 23*). La possibilité de remplir des surfaces très largement, le caractère particulier des structures peintes sont d'un grand intérêt dans l'expression graphique (*fig. 24*).

Matériel annexe

Il vient s'ajouter au matériel de base un certain nombre d'éléments importants pour la bonne réalisation d'un dessin.

Les planches à dessin

S'il suffit pour une esquisse rapide, de petit format, prise sur le vif, d'un carnet à dos cartonné, il devient indispensable pour un dessin plus grand ou plus poussé de disposer d'un plan de travail où l'on puisse s'organiser confortablement.

Le plus souvent, il suffit d'une table ordinaire. On y place une planche à dessin sur laquelle on peut fixer le dessin. Elle offre une surface parfaitement plane. Elle est facile à déplacer. Certaines peuvent même être équipées de courroies qui permettent de dessiner debout, les mains libres avec une parfaite liberté de mouvement.

Les tables à dessin

Elles offrent des surfaces lisses et orientables à volonté. Certaines sont équipées de règles pour le dessin technique. Elles peuvent être transportables.

Les chevalets

Ils se présentent sous différentes formes : légers et pliables pour le travail en plein air ; plus lourds et plus stables pour le travail en atelier ; certains peuvent recevoir des planches à dessin ; les chevalets de table se placent sur n'importe quel plan horizontal.

La panoplie du dessinateur

On doit avoir à portée de main des instruments :
• *pour effacer* : gommes latex, mie de pain ou plastique, lames (rasoir ou cutter) pour gratter en particulier l'encre de Chine.
• *pour découper* : cutter à lames cassables pour découpages de papiers fins, scalpels pour les matériaux plus épais, ciseaux.
• *pour tailler* : taille-crayon, taille-mine, cutter, grattoir.
• *pour tracer* : règles plates graduées éventuellement, compas.
• *pour coller* : colle tous usages (en bâtons, tubes ou pots), rubans adhésifs transparents ou opaques, simple

ou double face, rubans crêpe qui peuvent servir de cache et se décollent facilement.

• *pour tenir* : pinces à dessin, punaises, adhésifs.

• *pour conserver* : fixatif pour crayon et fusain, en aérosol ou en flacon, vaporisateur buccal.

• *pour transporter* : les cartons à dessin de toutes tailles permettent de transporter et de conserver d'une façon satisfaisante les dessins. Ils peuvent également servir de support pour les dessins exécutés en dehors de l'atelier.

Deuxième partie

Tracer
des signes

Le signe est l'élément par lequel nous percevons tout ce qui nous entoure : une odeur, un bruit, un geste, une couleur... sont autant de signes par lesquels nous percevons le monde extérieur. Nos sens les déchiffrent, notre sensibilité les interprète. C'est par les signes que nous communiquons.

Le langage est une forme élaborée de la communication et de l'expression. L'écriture est son support visuel. Elle est formée par l'organisation de signes graphiques conventionnels. *Le dessin, comme l'écriture, est un langage de signes graphiques.*

ÉDUCATION DE LA MAIN

Tout au début de l'apprentissage de l'écriture, le petit enfant commence par tracer des bâtons, des lignes de bâtons, des signes, des lignes de signes, des lettres, des lignes de lettres... sans en chercher la signification, mais en s'appliquant à l'exactitude du signe et l'habilité de la main. Il s'agit d'acquérir la sûreté du geste, la rapidité, l'exactitude, l'élégance du tracé.

Lorsqu'on prend conscience des possibilités de la main, on s'aperçoit qu'elle est d'une habilité surprenante, et pourtant lorsqu'il s'agit de dessiner, le trait est souvent hasardeux, incertain, incorrect.

La main, il faut l'éduquer, la décontracter, lui apprendre à obéir par des exercices simples, mais répétitifs, de façon à ce que comme pour l'écriture, elle prenne de l'assurance. Ces exercices peuvent se pratiquer n'importe quand, n'importe où, sur n'importe quel support, avec n'importe quel instrument.

La pratique de l'écriture ayant habitué la main aux formes petites, discontinues, il convient de *s'entraîner* sur des formats assez grands, à tracer à main levée des lignes — longues, continues, répétées... qu'elles soient droites, courbes, simples ou compliquées, horizontales, verticales ou obliques —, des formes régulières, irrégulières, des carrés, des polygones, des cercles, des ellipses... — des surfaces vides, pleines, libres, fermées...

Ce qu'il faut essayer d'acquérir c'est, au départ, la *sûreté du geste*; éviter de relever la main et de tracer par petits traits successifs; tant pis si au départ le trait est inexact. Il est essentiel de *travailler la spontanéité* qui oblige à la décision et libère le geste.

Le geste doit être large, la main décontractée : *tout le corps participe au dessin*. On dessine *du bout des doigts* les formes précises et de petites dimensions. C'est *par un déplacement du poignet* sur la feuille que sont tracées les lignes plus longues. Lorsque la surface est importante c'est *tout le bras* qui bouge en travaillant. La pointe du crayon, du stylo, de la plume, sert de point d'appui. Le pinceau doit être manié avec plus de légèreté : pour obtenir une trace fine, on travaille avec la pointe du pinceau en effleurant la surface du dessin et en prenant appui sur le poignet. Les surfaces plus larges s'exécutent avec toute la longueur des poils du pinceau, sans jamais les écraser.

En même temps l'œil suit le mouvement. L'esprit analyse la trace. Il faut pour juger de ce qui est exécuté que *l'œil voie le dessin tout entier en un instant*, sans qu'il soit besoin de tourner la tête. Pour bien voir un objet l'œil doit se trouver à une distance égale à deux fois et demi la grandeur de l'objet; plus l'objet est grand plus on a besoin de recul.

Il faut également que la surface du dessin se trouve dans un *plan perpendiculaire au rayon visuel* de façon à ce que le dessin n'apparaisse pas déformé. Lorsque le dessin est de petites dimensions, on travaille sur un plan horizontal, il devient oblique lorsque le format s'agrandit, vertical lorsque l'on travaille debout. Cependant les dessins à l'encre, quelles que soient leurs dimensions, s'exécutent sur des plans horizontaux (sinon, l'encre risque de couler...).

Bien sûr, chacun trouve ses propres solutions pour résoudre les problèmes posés par le maniement du matériel et le dessin reste une affaire tout à fait personnelle !

LES SIGNES

Si le dessin à bien des égards peut être assimilé à l'écriture, ses caractères en sont bien différents. Comme l'écriture, il utilise le symbole, mais il n'est pas conventionnel. Il n'a d'autre part aucun caractère linéaire (pas de sens de lecture) : un seul regard nous permet de comprendre la totalité des signes dessinés.

Malgré le rapport évident qui existe entre le dessin et ce qu'il représente, le signe, son élément originel, n'a pas seulement une valeur de ressemblance, mais une valeur qui lui est propre. Il est intéressant en lui-même.

Le point

« *Le point géométrique est un être invisible* » (Kandinsky). En géométrie le point n'a pas de dimension, pas d'épaisseur, c'est l'infiniment petit.

On le matérialise par le choc de l'outil sur la surface. *Le point est la plus petite forme de base* ; il est à l'origine de la forme ; c'est l'élément premier de l'art graphique. C'est une forme sans mouvement, mais aussi une forme en devenir.

En matérialisant le point, on crée sur le plan une surface si petite soit-elle, avec ses limites qui l'isolent du

Le point

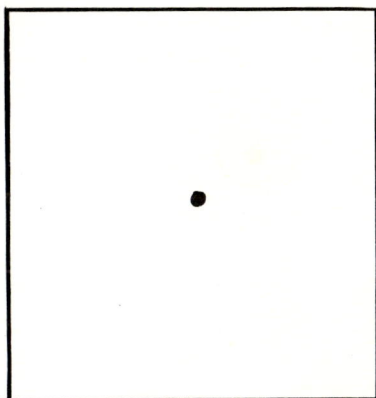

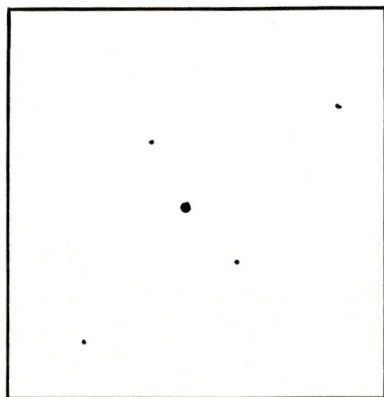

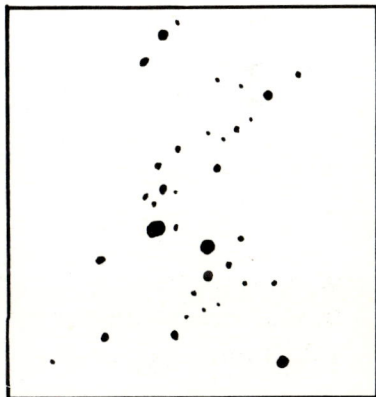

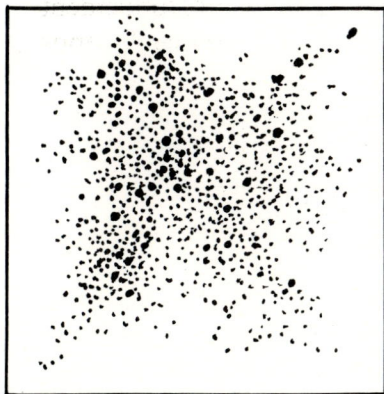

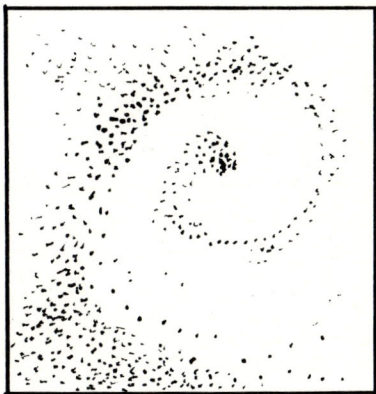

Encre de Chine

reste du dessin, le vide devient surface, tension. De la position du point sur la feuille, de son caractère, de ses rapports avec ce qui l'entoure dépend son intérêt.

Sa répétition renforce le caractère, crée la surface, il l'envahit, engendre le mouvement, forme les valeurs.

La ligne

C'est la trace du point en mouvement. « *Quand une force extérieure fait mouvoir le point dans une direction déterminée, se crée la première espèce de ligne qui maintient inchangée la direction prise avec une tendance à continuer tout droit vers l'infini* » (Kandinsky).

La ligne a pour caractère premier le mouvement. Elle est définie par sa **tension** et par sa **direction**.

La ligne droite qui représente le plus court chemin entre deux points a un caractère incisif, déterminé.

L'horizontale et la *verticale* sont les directions les plus importantes dans l'espace où nous nous situons. La ligne horizontale correspond à la surface sur laquelle l'homme se meut. Sa direction est celle de la surface des liquides. Dans le dessin, elle est parallèle au bord inférieur de la feuille. C'est une base de soutien. Elle est profondément statique. D'elle naît, la tranquillité, l'assurance, le repos (*fig. 1*).

La direction verticale, donnée par le fil à plomb, traduit la station debout. C'est aussi un élan vers le haut qui donne une grande impression de vie. Elle est perpendiculaire à l'horizontale et parallèle aux bords droit et gauche du dessin (*fig. 2*).

L'association verticale/horizontale organise la surface avec beaucoup d'ordre : « *le fil à plomb en déterminant la direction verticale forme avec son opposée l'horizontale, la boussole du dessinateur* » (Matisse) (*fig. 3*).

La ligne (I)

Figure 1

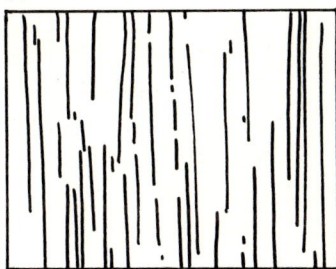

Figure 2

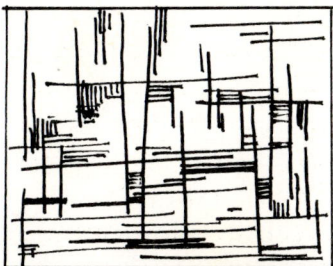

Figure 3

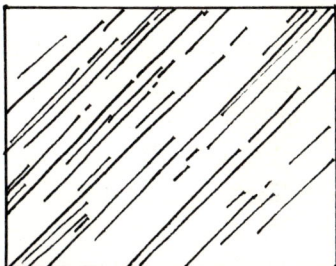

Figure 4

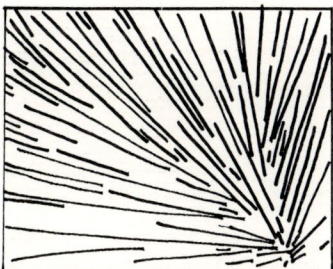

Figure 5

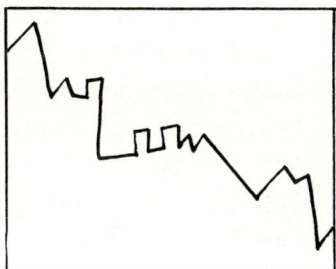

Figure 6

Figure 7
Stylo-feutre

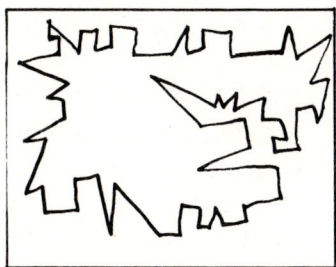

Figure 8

La ligne (II)

Figure 9

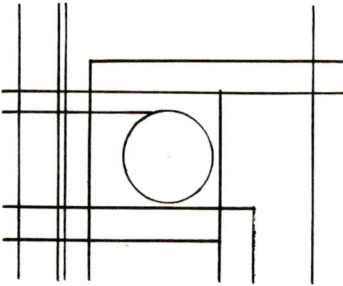

Figure 10

Figure 11

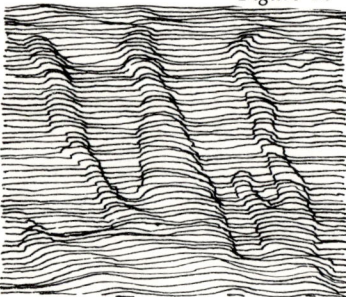

Figure 12

Figure 13

Figure 14

Encre de Chine/plume

Figure 15

Les autres directions sont toutes *obliques*. Montantes ou descendantes, elles sont toujours dynamiques (*fig. 4-5*).

Elles peuvent se combiner entre elles pour donner la ligne brisée aux angles réguliers ou multiples, aux différentes longueurs de segments. Elle est profondément mobile et d'une grande liberté. Elle peut se replier sur elle-même, revenir à son point de départ, cerner la surface (*fig. 6-7-8*).

La ligne courbe est l'opposée de la ligne droite (la particularité de la ligne courbe est l'absence de toute droite). Ses tensions sont multiples.

La ligne courbe, la plus régulière, la plus simple est le *cercle*. Le point qui le décrit retrouve son point de départ, début et fin disparaissent, et il s'organise alors un mouvement interne à l'infini.

Si les tensions sont différentes la ligne courbe change. Elle est *ouverte ou fermée*, *régulière ou irrégulière*. Elle exprime toujours le mouvement replié ou non sur lui-même. Son caractère varie en fonction de la place qu'elle occupe dans le dessin, de la direction générale qu'elle adopte et de la qualité du trait qui la décrit (*fig. 9*).

Toutes les lignes peuvent être *continues* ou *discontinues*, régulières ou irrégulières et leur combinaison est infinie.

Les lignes peuvent être *organiques* ou *géométriques* :

— géométriques, elles correspondent à des directions et des tracés régis par des règles mathématiques, elles sont alors tributaires des instruments de tracé, règle, compas... elles ont alors un caractère très abstrait (*fig. 10-11*).

— organiques, elles s'épanouissent librement dans le trait à main levée, avec sa saveur, ses hésitations, sa respiration, sa personnalité (*fig. 12-13-14*).

On a l'habitude de représenter par une ligne le contour

Le dessin linéaire

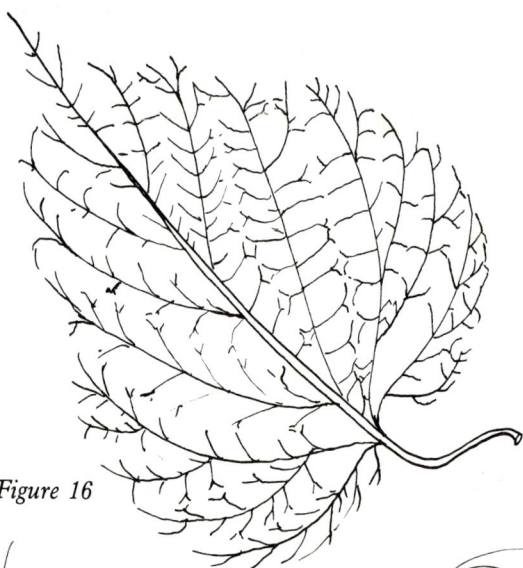

Figure 16

Figures 17-18

Encre de Chine/plume et pinceau

d'une forme (*fig. 15*), mais **la ligne peut être forme elle-même** (dans la nature, la trace d'un avion, les veines du bois, les nervures d'une feuille) (*fig. 16*).

Sorti de la représentation de l'objet le dessin linéaire devient **abstraction et symbole** (lettre, chiffre, croix...). La ligne prend alors son autonomie, elle agit dans le tableau d'une façon indépendante, créant espace, mouvement, relief, impression (*fig. 17-18*).

La surface

La surface est l'ensemble des points limitant une portion de l'espace. L'espace pictural est un espace-plan. En dessin la surface s'organise sur le plan.

Lorsqu'une ligne se referme sur elle-même, elle sépare sur le dessin l'espace qu'elle enserre de celui qui est à l'extérieur, créant ainsi l'effet de surface ; mais la ligne n'est pas la seule génératrice de la surface ; la couleur, la répétition du point ou de la ligne, l'accumulation des signes, en créant des zones pleines et d'autres vides, séparent optiquement les surfaces les unes des autres. L'opposition ou la juxtaposition des valeurs différentes suffisent à les matérialiser. (*Planche 13.*)

La forme, la grandeur, la couleur d'une surface, son organisation dans la page et ses rapports avec ce qui l'entoure, sont autant de facteurs qui déterminent son caractère et sa signification plastique.

Le contraste

Le signe graphique est indissociable du plan sur lequel il se trouve et des éléments qui l'entourent. Il est toujours vu et lu sur une surface avec laquelle il se compose

Surfaces

Marqueur - Crayon - Encre de Chine/pinceau - Feutre fin

pour former le dessin. Qu'il soit isolé sur la feuille ou organisé avec d'autres signes, il n'agit jamais seul sur notre sensibilité. Les rapports qui existent entre les signes sont souvent complexes.

Le contraste consiste à mettre en rapport des éléments opposés de façon à ce qu'ils se fassent ressortir mutuellement : clair, foncé — grand, petit — fermé, ouvert — droit, courbé.

En dessin, *le contraste existe partout*, violent ou mesuré, il est à la base de l'expression graphique : contraste de valeurs, de couleurs, de quantité, de qualité...

Il fait naître des *effets d'optique particuliers* : une ligne paraît plus longue ou plus courte suivant qu'elle se trouve dans une feuille de petites ou de grandes dimensions. Une forme foncée et large prend plus d'importance encore lorsqu'elle s'oppose à une forme petite et claire.

Il introduit la *variété dans la composition.* (*Planche 14.*) Une ligne courbe atténue la rigueur d'un dessin à base de droites ; une surface noire réveille un dessin trop gris ; une grande forme donne l'échelle d'une accumulation de formes de petites dimensions.

La *violence* naît de l'utilisation forcée du contraste. Cette propriété est utilisée souvent en publicité.

Le *contraste de valeurs* que l'on appelle aussi *clair-obscur* est un des moyens d'expression les plus importants en dessin. Si l'on fait abstraction de la couleur, une forme, un signe apparaissent toujours clairs ou foncés. Les deux valeurs extrêmes sont le blanc et le noir, mais il existe une quantité de valeurs intermédiaires. L'appréciation en est toute relative, relative à la sensibilité personnelle, mais aussi relative aux rapports entre des surfaces observées.

La forme dessinée n'apparaît que par contraste de

Contrastes

Trames - Marqueur - Crayon

PLANCHE 15

Clair-obscur

Crayon-fusain

valeurs : la ligne, le point, la surface ne sont visibles sur le papier que par le fait que l'encre ou la mine sont d'une couleur différente de celle du papier. On ne peut faire apparaître une surface blanche sur une feuille qu'en la cernant d'un trait de contour plus foncé, et encore souvent ce trait n'indique que la forme, la clarté de celle-ci ne devient évidente que lorsqu'on pose à côté d'elle une valeur plus foncée.

Les contrastes de valeurs, comme tous les autres contrastes, sont trompeurs et font apparaître de curieuses *illusions optiques*. Une surface de valeur moyenne apparaît claire sur une surface foncée et foncée sur une surface claire ; un carré noir sur un fond blanc apparaît plus petit qu'un carré blanc, de dimensions égales, sur un fond noir, tous deux apparaissent comme détachés de leur support, sur un plan différent, repoussés par la couleur du fond.

Le clair-obscur crée souvent des *effets d'espace ou de volume*, il est l'expression privilégiée des ombres et lumières. Il est un des moyens d'évocation des formes les plus expressifs. (*Planche 15.*)

Pour sensibiliser l'œil et la main au problème des valeurs, il est bon de dessiner des échelles de valeurs (au crayon, fusain, lavis) du plus clair possible au plus foncé possible en trouvant le plus de valeurs possibles. Il faut éviter de cerner les surfaces que l'on travaille de cette façon, l'effet de valeurs étant d'une nature différente de l'effet des lignes de contour.

Les valeurs peuvent être travaillées en surface de valeurs uniformes, durement contrastées les unes par rapport aux autres ou subtilement dégradées en ménageant des zones de passage qui relient les formes, soulignent une direction, engendrent le mouvement.

La structure

Étymologiquement « structure » signifie ***disposer par couches, construire***.

Lorsqu'on observe un objet à partir d'une certaine distance, on distingue sa forme générale, sa couleur ; mais on ne voit pas sa structure. En s'approchant on ne voit plus l'ensemble mais le détail et l'on remarque son organisation interne, les éléments qui le composent, sa structure.

En dessin la structure est un ensemble qui réunit l'élément de construction et la façon dont il s'organise avec les autres pour former le tout. L'élément est indissociable de l'ensemble. Ce qui est typique de la structure c'est la répétition de l'élément.

L'élément de structure peut être organisé de diverses façons ; régulièrement ou irrégulièrement selon un système particulier, avec cohérence ou d'une façon dispersée. Il peut être lui-même de tailles différentes, de valeurs différentes vu sous des angles différents ; mais il peut aussi apparaître toujours identique et de mêmes dimensions.

On peut observer des structures naturelles, cristaux, écorces, feuillages (*fig. 19-20-21*) — ou fabriquées — tissages, constructions (*fig. 22-23-24*) et les représenter par les moyens graphiques les plus appropriés : graphisme, valeur...

L'analyse permet d'évoquer les matières par le dessin de structures ; forme et organisation sont caractéristiques de ce qu'elles représentent : dans la pelouse, les brins d'herbe courts (*fig. 25*), dans la prairie les herbes hautes (*fig. 26*) ; la toiture est un ensemble de tuiles (*fig. 27*), la plage un ensemble de galets (*fig. 28*), la coiffure un ensemble de cheveux (*fig. 29*), la foule un ensemble de personnages (*fig. 30*)...

Structures (I)

Figure 19

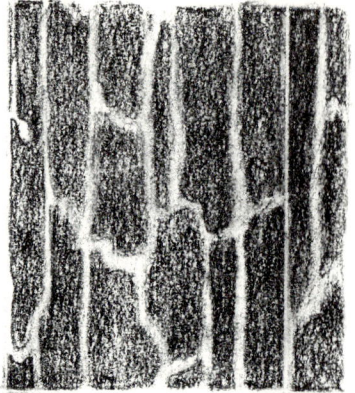
Figure 20

Figure 21

Figure 22

Feutre-Crayon   Figure 23

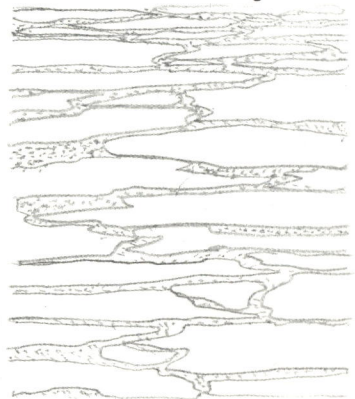
Figure 24

Structures (II)

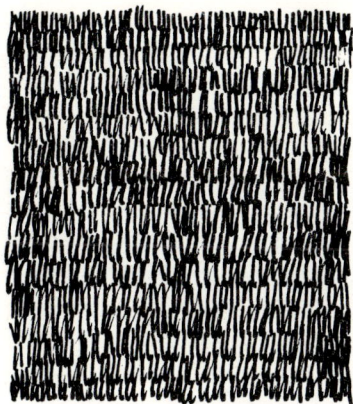

Figure 25

Figure 26

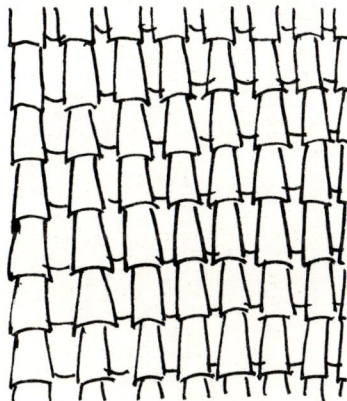

Figure 27

Figure 28

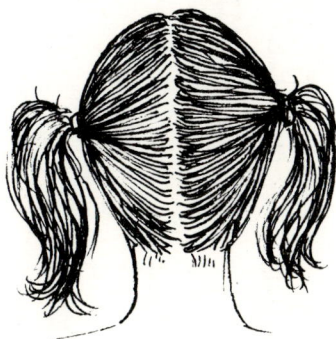

Figure 29

Figure 30

Feutre

La « structure-dessin »

Figure 31
Figure 32

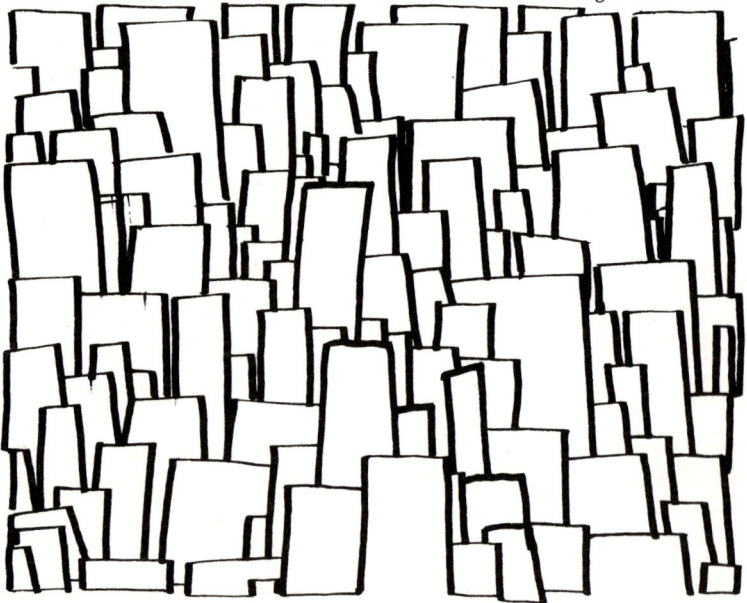

Encre de Chine/pinceau - plume à palette

On peut aussi inventer des structures à partir de lignes, de figures, de signes, de surfaces. On peut faire des dessins à partir de structures : *d'un élément graphique peut naître une grande diversité de formes* (*fig. 31-32*).

La composition

Si les éléments que nous venons de voir peuvent être considérés individuellement comme des signes, des éléments de vocabulaire, avec leur caractère propre et leur autonomie, ce n'est qu'en les organisant dans la surface que l'on exploite leurs possibilités en créant le *tableau* : *le tableau est avant tout une organisation de surface.*

Composer un tableau, c'est essayer d'inscrire le mieux possible les formes dans une surface donnée ; c'est créer des liaisons entre les différents éléments du tableau ; c'est rechercher une unité à partir d'éléments hétéroclites.

Lorsqu'on pose une forme quelconque sur une feuille de dessin, il s'établit immédiatement des rapports entre la forme et le fond : l'une appelle l'autre ; il naît des équilibres et des déséquilibres (*fig. 33*).

Si l'on place plusieurs formes sur une même surface, les rapports deviennent plus complexes, les espaces internes, les vides prennent une importance particulière ; souvent même la forme influence l'œil au-delà de ses limites et appelle d'autres motifs (*fig. 34*).

Alors la composition s'établit petit à petit : au cours du dessin, une tache en appelle une autre, une ligne entraîne des masses dans son sillage, la nécessité d'une surface claire s'impose à tel endroit pour mettre en valeur une forme foncée, et le tout s'organise comme une réaction en chaîne.

Toutefois, on peut aussi définir au départ des lignes directrices des points forts, des rythmes sur lesquels

La composition

Figure 33

Figure 34

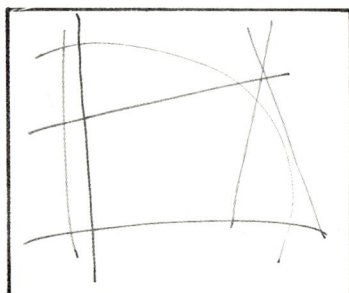
Figure 35

Figure 36

Figure 37

Figure 38

Collages - Feutre - Encre de Chine/pinceau

s'organiseront avec plus ou moins de souplesse les autres éléments du dessin (*fig. 35 et 36*).

Souvent, le bord de la feuille produit un effet de limite et la forme ne s'en approche pas. Lorsqu'elle le touche, elle est comme entraînée à l'extérieur. Le dessin sort de la feuille, entraîne avec lui l'imaginaire et prolonge la forme au-delà de ses limites (*fig. 37-38*).

La composition préside à la lecture du tableau. Elle exprime l'idée avec au moins autant de force que les formes qu'elle organise.

Que ces formes soient ressemblantes, symboliques ou totalement abstraites, dans le tableau et par la composition, elles deviennent des agents plastiques, elles agissent en tant que tels et leur nature n'est pas de ressembler à quelque chose mais d'être quelque chose.

Troisième partie

Espaces et formes

LA MISE EN PLACE DU DESSIN

La forme est l'essence du dessin.

Il y a une distinction fondamentale entre les formes qui nous entourent et celles du dessin, distinction qui tient à la différence de leur nature...

L'espace vécu

Ce qui nous entoure c'est un espace vécu ; nous ne nous situons pas à l'extérieur de cet espace, mais nous en faisons partie intégrante. C'est un espace tridimensionnel dans lequel le corps se déplace et voit.

• La première caractéristique de cet espace, c'est la troisième dimension, *la profondeur*, qui fait que les objets ont un volume et qu'ils sont extérieurs les uns aux autres. Cette autre dimension permet au corps de se mouvoir, et par ce mouvement du corps et des yeux de mesurer la distance qui sépare les choses : si un objet en cache un autre je peux, en me déplaçant, les voir tous les deux, en dehors l'un de l'autre et en même temps apprécier la mesure de leur éloignement.

• La deuxième caractéristique, c'est *l'infini* de cet espace, il n'est limité par aucune barrière ; en son centre se tient le corps. Le mouvement de l'œil et du corps permet de voir ce qui est devant, derrière, sur les côtés, dessus, dessous ; les choses sont en cercle autour de lui, aussi loin que porte le regard.

• La troisième caractéristique est que le corps vit dans un monde soumis à *l'attraction terrestre* et que de ce fait sa position lorsqu'il se meut est une position verticale. L'horizontale est à la fois repos et stabilité ; le déplacement sur un plan horizontal ne nécessite pas d'efforts particuliers — sur une pente il faut compenser la différence d'angle — l'oblique provoque un déséquilibre profond.

L'espace vu

C'est par l'œil que passe la perception globale que l'on a du monde extérieur, mais l'impression visuelle n'est pas seule à participer à l'appréhension de notre espace. Nous l'avons vu dans le chapitre précédent, tous nos sens s'y emploient. Le corps reçoit des impressions mais il n'est pas seulement récepteur, il est aussi moteur ; il participe et s'investit dans la recherche et la compréhension de ce qui l'entoure.

La vision est à la fois une *action volontaire* et une *impression subie*. Nous voyons les choses que nous regardons, mais en même temps elles s'imposent à notre regard. Nous ne pouvons pas faire de choix dans ce qui est visible, on voit tout ou rien. Il arrive même souvent que nous voyons les choses sans les regarder. La vision n'est pas une simple opération intellectuelle qui permettrait de dresser devant l'esprit une image idéale, elle est dépendante du visible.

Mais cet espace, couleur, volume, lumière, forme, n'est visible que parce qu'il éveille en nous des sensations, des impressions... un écho. C'est cette *correspon-*

dance entre l'extérieur et ce qui est en nous, cette
équivalence interne que l'artiste traduit par un tracé, par
des lignes, des formes dessinées, dans lesquelles un autre
regard reconnaît les formes à partir desquelles le dessinateur a créé sa propre vision.

L'espace pictural

L'espace pictural est un espace purement intellectuel :
à la différence de l'espace vécu, on le regarde sans bouger, sans entendre, sans toucher... il ne s'adresse qu'à
la vision.

L'acte pictural est un acte volontaire et réfléchi. Le
peintre cherche dans l'espace où il vit et voit, ce qui est
important ou nécessaire à la compréhension du visible.
Il le traduit par le geste, en choisissant parmi les différentes solutions celle qui lui paraît la meilleure, avec les
moyens graphiques les mieux appropriés à l'expression
de sa vision.

Le dessin est un *espace à deux dimensions* : la toile,
la feuille, la surface du tableau n'ont pas de profondeur.
Les formes dessinées s'organisent sur le plan pour donner l'illusion de la troisième dimension.

Ce plan est *limité également en largeur et en profondeur*. Nul dessin n'est infini, si grandes qu'en soient ses
dimensions, il a des limites. Mais à l'intérieur de ces limites la forme dessinée a une très grande puissance évoca-
trice. On ne regarde pas un tableau ou un dessin comme
un objet quelconque par l'extérieur de la forme. L'œil
entre en lui, il reconstruit par l'idée le monde visible à
partir des signes dessinés. On ne voit pas des lignes ou
des couleurs, mais à travers elles des formes vécues. *Le
tableau parle à l'imaginaire*.

La ressemblance n'est pas l'imitation. Il existe

un système d'équivalence entre la forme vécue et la forme dessinée. La couleur, la ligne ne sont pas l'objet qu'elles veulent représenter mais elles sont la transcription d'une existence visible. La forme réelle d'un objet n'est pas donnée par une ligne de contour qu'il suffirait de retracer avec le crayon pour la figurer. L'objet existe sans la ligne de contour ; il *est* dans l'espace. Il n'y a pas dans l'espace de lignes visibles en soi, et pourtant sur le dessin, la ligne exprime l'objet en toute évidence.

Ce que le dessin traduit par une valeur c'est un volume, par une couleur c'est une matière, par un rythme c'est un mouvement... *le dessinateur traduit le visible vécu par un autre visible.*

Il faut d'abord voir pour dessiner, il faut que la vision s'exerce sur tout ce qui est autour de nous et que peu à peu et par l'exercice, le geste apprenne à traduire les formes qui nous entourent et révèle aux autres la vision intérieure que ces formes ont inspirée.

Le dessin d'après nature

C'est par le dessin d'après nature que se fait *le premier apprentissage de la forme.*

Celles qui nous entourent sont de toutes sortes : éléments naturels, matériels ou immatériels, (lumière, bruits) objets fabriqués, utilitaires ou non. C'est le paysage dans lequel nous vivons. Complexe et riche de formes et de signification, le monde visible parle à l'œil, s'adresse à notre sensibilité car il est chargé de puissance émotive.

Il ne suffit pas de voir pour dessiner. Bien sûr l'œil est le premier agent du dessin ; mais il y a une grande différence entre voir un objet et le regarder pour le dessiner. La transcription du visible oblige à l'analyse : *l'œil doit se plier à la volonté de l'esprit.*

Il faut choisir parmi tous les éléments visibles ceux qui sont nécessaires à la représentation que l'on veut en faire — on ne peut pas tout montrer à la fois car cela mènerait à la confusion — et en même temps on doit décider des moyens graphiques par lesquels le motif sera rendu reconnaissable ou convaincant. Il faut donc chercher et comprendre. Aller au-delà de l'aspect extérieur pour savoir à travers quelles nécessités, la forme fut élaborée — contraintes physiques, biologiques ou organiques. La forme a toujours une explication, une raison, une histoire, un devenir.

Par l'analyse, on décompose, on cherche, on sent, on choisit puis on recompose en essayant de former un tout cohérent en accord avec l'intention que l'on y a placée.

C'est en commençant par dessiner des objets isolés et de forme simple que l'on se familiarise avec le dessin d'observation.

Le *crayon* qui permet des repentirs et des gommages est d'une utilisation plus aisée pour les débutants que l'encre ou le fusain que l'on emploie lorsqu'on a un peu plus l'habitude de l'expression des formes.

Schéma

Analyser une forme c'est en *rechercher les composants extérieurs et internes.* C'est simplifier pour faire apparaître l'essentiel, rechercher la construction de la forme et la traduire par quelques traits élémentaires afin d'indiquer ses relations et son fonctionnement. C'est ce qu'on appelle le schéma, sorte de *résumé dessiné.*

— Le schéma d'une feuille d'arbre composée est formée par les formes simplifiées des folioles, organisées

Schémas

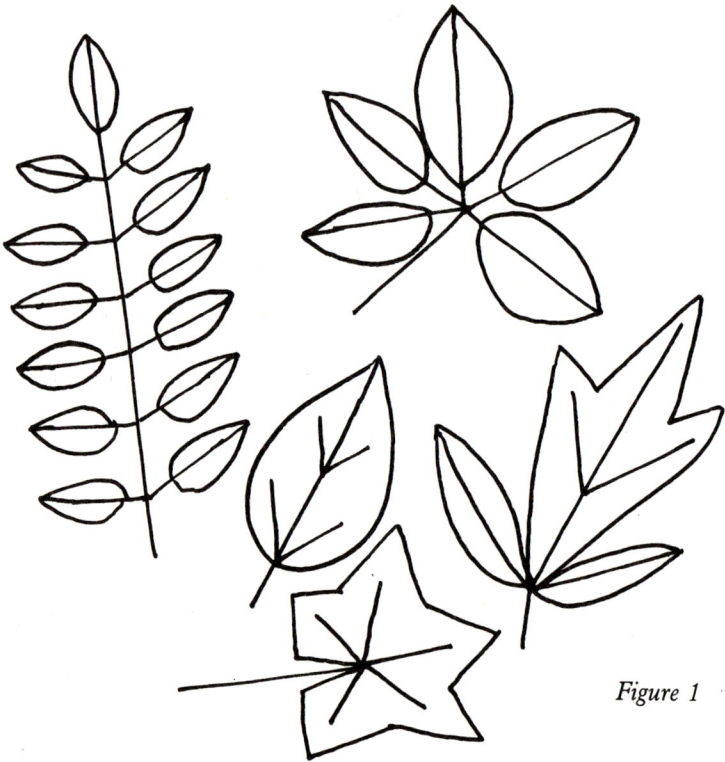

Figure 1

Figure 2

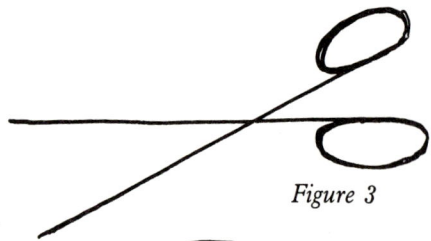

Figure 3

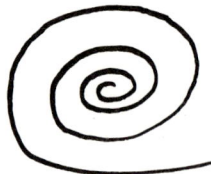

Figure 4

Feutre fin

sur des lignes qui en figurent les nervures principales (*fig. 1*).

— Le schéma d'un compas est composé de deux droites reliées entre elles par un point, qui indiquent l'ouverture (*fig. 2*).

— Les ciseaux sont de la même façon schématisés par deux lignes sécantes terminées à une extrémité par des anneaux (*fig. 3*).

— Une coquille d'escargot est représentée par une spirale... (*fig. 4*)

Le schéma ne traduit pas la forme telle qu'on la voit sous un angle donné mais il aide à l'analyser par l'observation des différentes parties qui la composent et celle de leur organisation.

Il convient également de ***déterminer le caractère de ce que l'on veut dessiner***. Pour bien comprendre ce qu'est le caractère, il suffit d'observer la différence qui existe entre des choses de même nature : des arbres, des oiseaux, des personnes... On s'aperçoit qu'elles se différencient les unes des autres par toutes sortes de particularités : la taille, la forme, les couleurs, etc.

On trouve le caractère grâce à une somme de renseignements concernant les directions, les proportions, la ligne d'enveloppe, la silhouette, la surface...

Directions

Observons une paire de ciseaux ouverte et une même paire de ciseaux fermée. Ce qui les distingue c'est la différence de direction des deux lames. La remarque est la même lorsque j'écarte et referme les doigts, lorsque je renverse sur la table un jeu de mikado... Le mouvement de la marche ou de la course, le déplacement du

Directions (I)

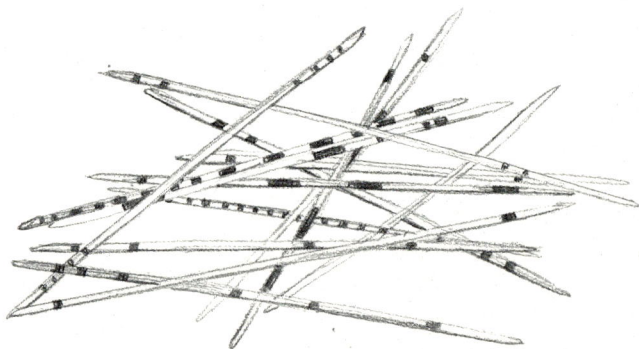

Crayon

Directions (II)

Marqueur

corps, est indiqué par les directions des membres et du corps de celui qui se déplace (*voir planche 21*).

Pour observer des directions, il faut les **comparer aux horizontales et aux verticales**. Nous l'avons vu dans le chapitre précédent, les lignes horizontales et verticales servent de repère au dessinateur :

— La direction verticale donnée par le fil à plomb est, dans le dessin, parallèle aux côtés droit ou gauche de la feuille. On peut très facilement fabriquer un fil à plomb en attachant à un fil solide n'importe quel objet un peu lourd. Mais on vérifie également avec beaucoup de facilité les verticales d'un objet que l'on veut dessiner grâce à une règle ou un crayon que l'on maintient dans la position verticale et qui sert d'élément de comparaison (*voir planche 22*).

— La direction horizontale se vérifie de la même façon en tenant à bout de bras le crayon horizontalement. Il faut dans les deux cas fermer un œil pour tout voir sur le même plan.

— Les directions obliques s'évaluent par rapport aux horizontales ou aux verticales. On peut vérifier la pente d'une oblique avec un crayon que l'on tient à bout de bras dans un plan parallèle à celui des yeux et dont on reporte la direction sur le dessin en essayant de ne pas la modifier.

Proportions

On appelle proportions le rapport des grandeurs entre elles. Les proportions peuvent être *simples* — un verre à demi rempli ou au 1/4 plein — ou *connues* — le carré a une largeur égale à sa longueur.

Lorsqu'elles ne sont pas évidentes il faut pouvoir *les mesurer*. Pour les évaluer de loin, on se sert du crayon

Proportions

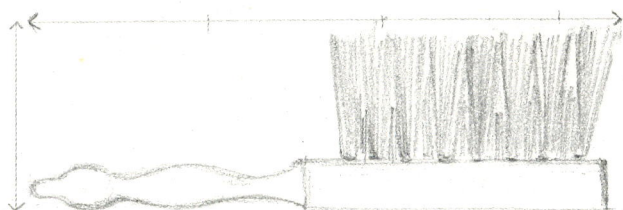

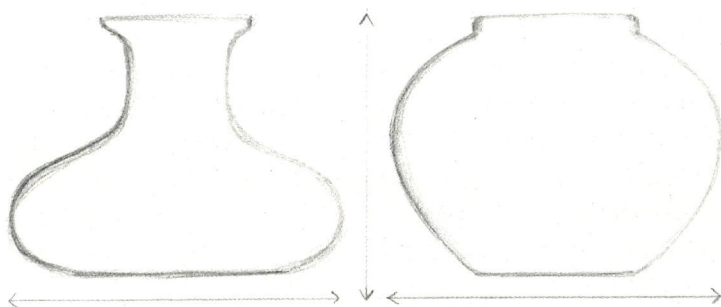

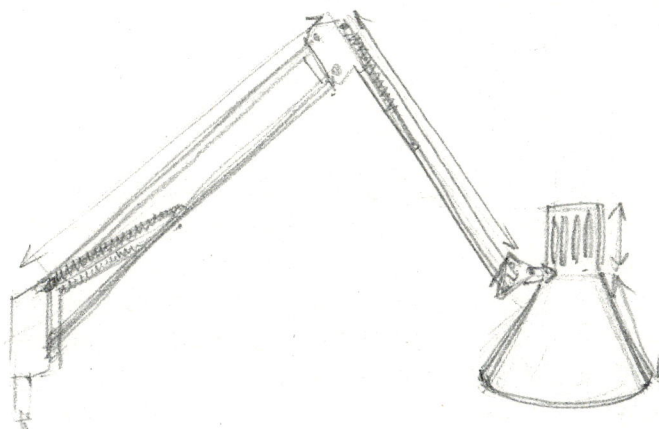

Crayon

avec lequel on dessine. En le tendant à bout de bras on observe les grandeurs intéressantes et on les mesure en déplaçant le pouce sur le crayon de façon à voir une de ces grandeurs entre le bout du crayon et le pouce. On reporte ensuite cette dimension, sans plier le bras, sur les autres parties de l'objet. On voit ainsi par exemple, que la brosse a une largeur comprise trois fois dans sa hauteur. Il suffit alors sur le dessin de reproduire non pas les mêmes grandeurs, mais les mêmes proportions.

Lorsque les objets sont complexes, il faut chercher *quelles grandeurs sont importantes pour la représentation de la forme*. Le plus souvent il faut comparer longueur et largeur générale, mais cela ne suffit pas. Deux vases de mêmes proportions générales ne sont pas forcément identiques. Il faut en mesurer les proportions intérieures, longueur et largeur du col, importance du corps par rapport au reste de l'objet.

On peut trouver quantité de rapports de grandeurs à l'intérieur d'un objet. Leur observation affine la compréhension et la représentation que l'on en fait ; mais il est inutile de tout calculer ; une fois faite la mise en place correcte, il faut laisser à l'œil et la main toute liberté pour exécuter. (*Planche 23.*)

Ligne d'enveloppe

La ligne d'enveloppe schématise non pas l'organisation interne de l'objet mais sa *forme extérieure*. Elle aide à la mise en place du dessin à l'intérieur de la feuille. Il faut en effet adapter la grandeur et la forme du dessin à celles de la feuille sur laquelle on travaille, un dessin trop petit semble perdu sur la surface (*fig. 5*), un dessin trop grand déborde (*fig. 6*).

D'autre part c'est à partir de cette ligne d'enveloppe,

I. Mise en place

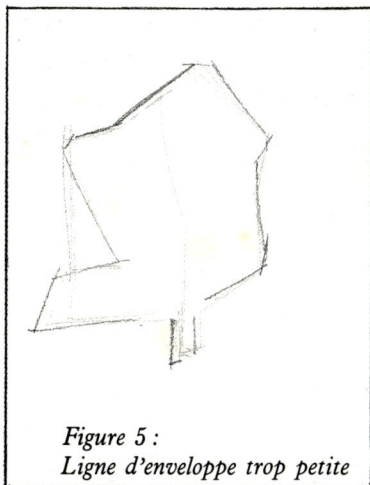

Figure 5 :
Ligne d'enveloppe trop petite

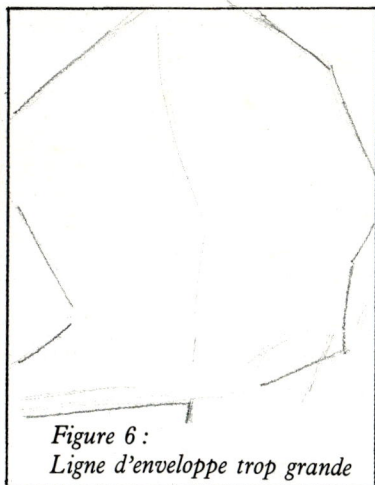

Figure 6 :
Ligne d'enveloppe trop grande

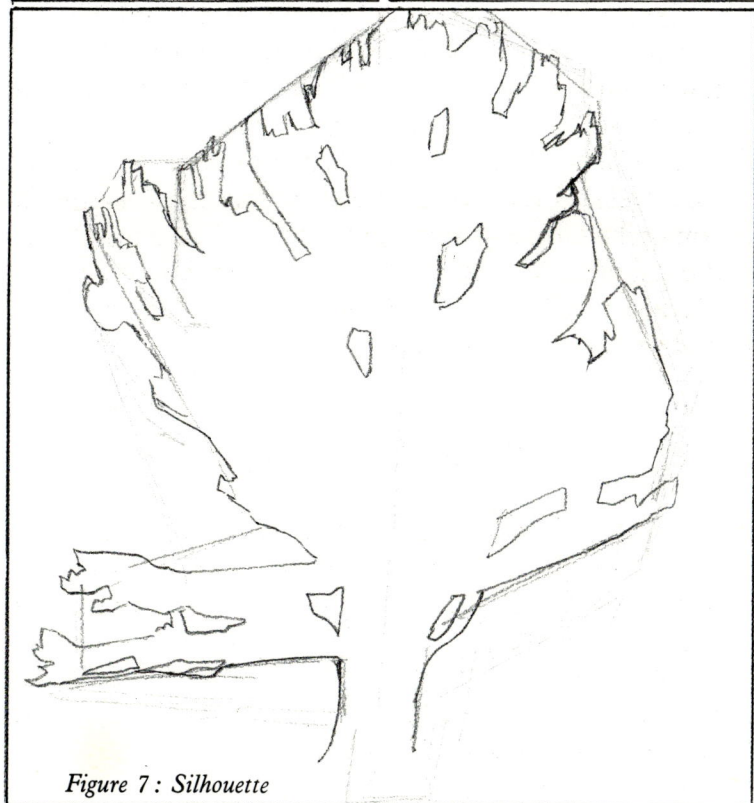

Figure 7 : Silhouette

Crayon

II. Dessin

Crayon   *Figure 8 : Surface*

dont il faut connaître les directions, formes et proportions que l'on va définir la silhouette.

Silhouette

La silhouette représente l'objet comme s'il était montré en *ombre chinoise.*

Il faut étudier la ligne qui la définit non seulement à partir de l'objet mais aussi par les vides qu'elle dessine tout autour.

On la met en place en observant ses *bifurcations*, ses *directions*, ses *proportions* (*fig. 7*).

La silhouette est caractéristique d'un objet mais elle ne montre pas l'organisation interne de cet objet. Il y a, à l'intérieur, les silhouettes des éléments qui la constituent.

C'est par une association de tous ces éléments que peu à peu le dessin se met en place.

Les lignes peuvent être tracées d'un seul jet ou esquissées par petits traits mis bout à bout.

Surface

La couleur d'un objet, sa matière doivent être traduites par des moyens graphiques. Ce sont essentiellement *les valeurs* et *les structures* qui traduisent la matière, la couleur, le volume (*fig. 8*).

Tout objet même le plus simple est un volume dans l'espace. Sa transcription pose toujours un problème au dessinateur inexpérimenté.

Nous allons donc aborder un chapitre très important qui concerne l'étude des volumes et de l'espace, ainsi que leur formulation...

L'ESPACE

Représentations de l'espace

L'espace c'est ce qui nous entoure. L'espace en soi n'a ni forme, ni limite. Il existe mais il est invisible. Nous le comprenons sans le voir. C'est ce qui sépare les choses les unes des autres et c'est aussi ce qui les englobe.

Nous percevons l'espace à partir des objets qui nous entourent, ce qui est devant, ce qui est derrière, à droite, à gauche, en haut, en bas. Il est exprimé par la situation et la dimension des objets les uns par rapport aux autres, leur éloignement de celui qui les regarde, leur distance les uns des autres.

Un volume est un espace limité. On le définit par ses trois dimensions : largeur, longueur, profondeur. La difficulté du dessin réside dans la transcription d'un volume ou d'un espace tridimensionnel sur le plan à deux dimensions (longueur, largeur) du tableau.

Il existe de nombreuses façons de représenter l'espace.

• *Les enfants* le racontent comme ils le vivent : le bas du dessin c'est la terre ; le haut du dessin c'est le ciel. L'espace qui les sépare est confus et indéfini. Lorsqu'ils racontent un espace plus grand, ils le dessinent comme ils le parcourent. Leur trait suit le chemin tel qu'ils le connaissent avec ses bifurcations, ses changements de direction, non pas comme s'ils les voyaient de l'extérieur, mais comme ils les éprouvent en les parcourant. C'est une *formulation motrice de l'espace*.

• *À l'époque romane,* le tableau est un récit que le spectateur lit en le parcourant des yeux. Aucune unité d'espace, ni de temps. Les différents éléments du tableau sont considérés selon des points de vue différents qui, à chaque endroit, montrent l'aspect le plus significatif de ce qui est représenté. Les proportions objectives n'existent pas. Le dessinateur prête aux choses la grandeur correspondant à l'importance qu'il leur attribue : c'est un ordre hiérarchique.

• C'est à *la Renaissance* que les peintres ont pour la première fois soumis tous les éléments d'un tableau à une unité de représentation. Unité fondée sur des bases mathématiques : le centre du monde, c'est l'homme. Le point de vision, c'est le spectateur. Tout s'organise par rapport à sa seule intelligence.

• L'*Art contemporain* a donné la preuve que cette forme de représentation, malgré sa valeur formatrice sur le plan théorique, ne peut être qu'un élément de l'expression plastique.

La perspective classique

Nous allons aborder le problème de la représentation de l'espace par l'intermédiaire de la perspective.

Il existe plusieurs sortes de perspectives. Celle qui nous intéresse d'abord c'est la perspective classique, celle qui a été codifiée au moment de la Renaissance et qui a fait loi jusqu'au XXᵉ siècle. C'est la *perspective centrée, conique et statique*. Le spectateur est immobile, fixe au centre du système, à l'unique point de vue du tableau, dans lequel rien ne bouge : c'est l'instantané en photographie...

Lorsqu'on reste immobile et que l'on observe un ensemble d'objets, un paysage, on remarque plusieurs choses :

— Les objets qui se trouvent près de nous apparaissent relativement plus grands que ceux qui sont plus éloignés.

— Lorsqu'ils sont opaques, ils cachent tout ou partie de ce qui se trouve derrière.

— Enfin chaque objet ne présente à la vue qu'une partie seulement des faces qui le composent, et le plus souvent elles apparaissent déformées.

Lorsqu'on se déplace, les choses changent d'apparence : à chaque point de vue correspond un aspect différent. Dessiner en perspective classique, c'est donc au départ choisir un point de vue à partir duquel vont s'organiser les différents éléments du dessin. Ce point de vue c'est *l'œil du spectateur*.

À partir de ce point on définit le système perspectif de la façon suivante :

— *Le plan horizontal* sur lequel se trouve le spectateur, c'est *la terre*.

— *Le plan vertical* sur lequel on dessine, c'est *le tableau*.

— *L'intersection du tableau et de la terre* c'est *la ligne de terre*.

— Le plan horizontal passant par l'œil détermine à son intersection sur le tableau *la ligne d'horizon*.

— *Le rayon visuel* est le chemin le plus court entre l'œil et l'objet.

— Le point d'intersection du rayon visuel partant d'un point de l'objet avec le tableau donne la perspective de ce point de l'objet (*fig. 9*).

— Le rayon visuel prolongé à l'infini sur une droite horizontale arrive à l'horizon : c'est *le point de fuite* de cette droite (*fig. 10*). C'est également *le point où sont supposées se rejoindre toutes les perspectives des droites parallèles entre elles* (*fig. 11*).

Les règles de la perspective (I)

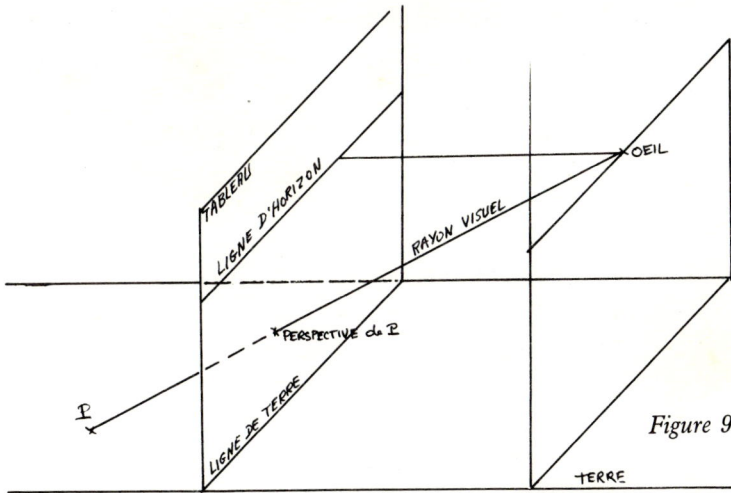

Figure 9

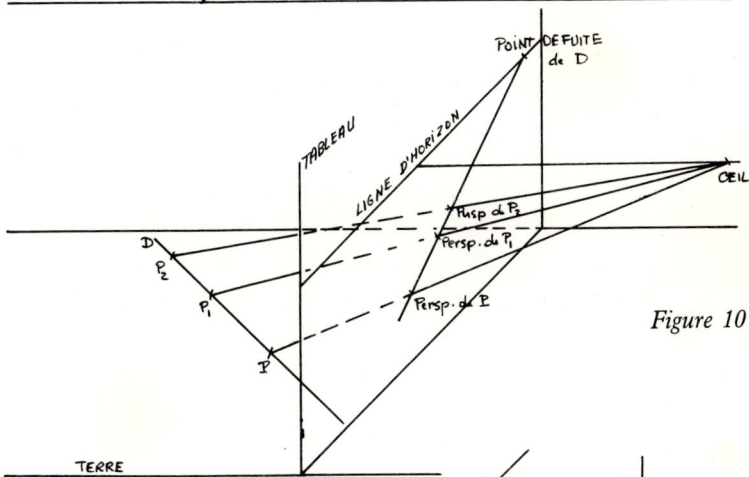

Figure 10

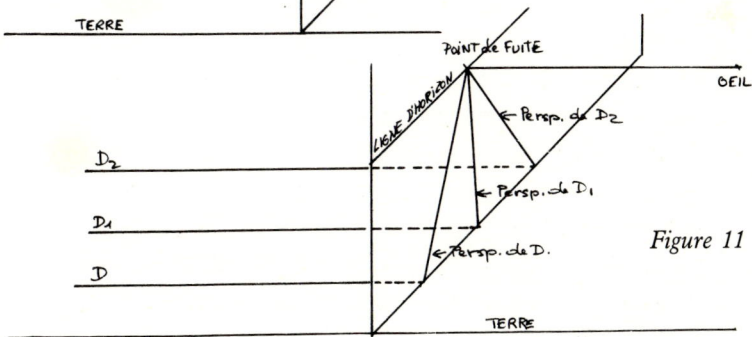

Figure 11

Feutre fin

PLANCHE 27

Les règles de la perspective (II)

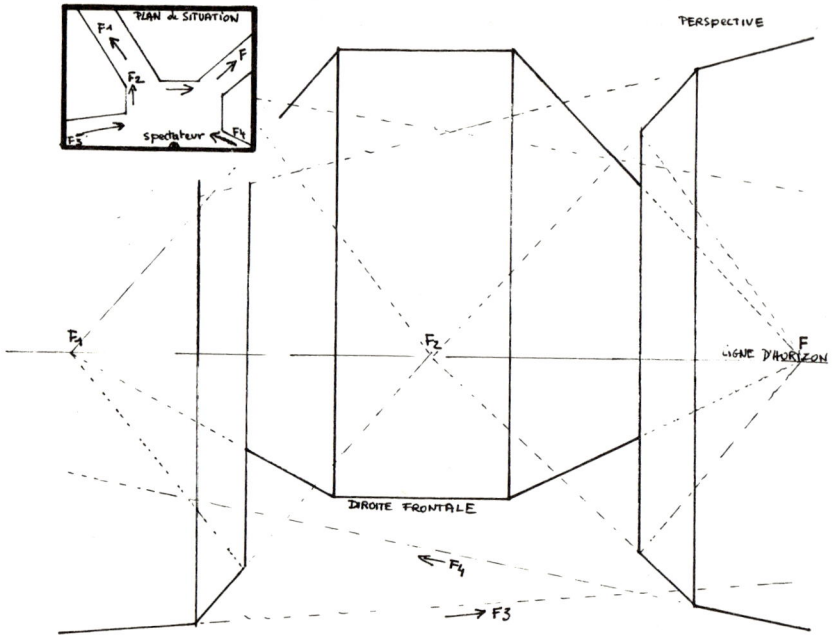

PLAN de SITUATION

F1

F2

F5

Spectateur

F4

F

PERSPECTIVE

F1

F2

LIGNE D'HORIZON

F

DROITE FRONTALE

F4

F3

Figure 12

Figure 13

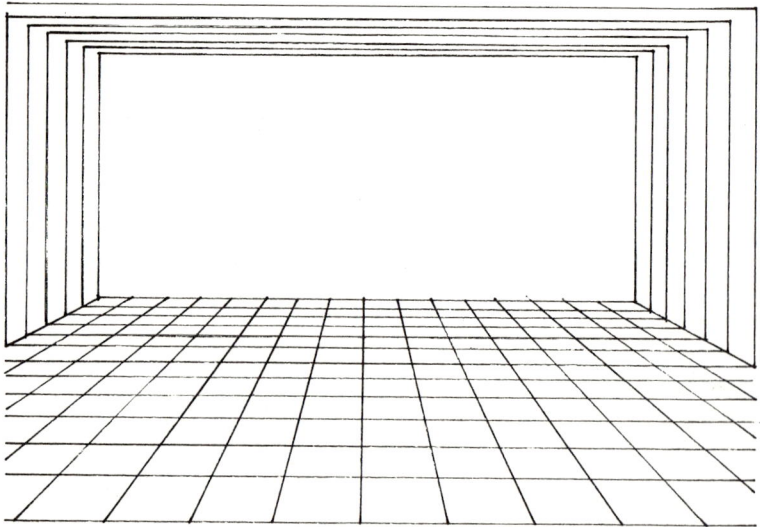

Feutre fin

— Des parallèles orientées différemment ont différents points de fuite.

— On appelle *fuyantes*, les droites qui apparaissent déformées en perspective : lorsqu'elles sont situées au-dessus de l'œil, elles descendent vers la ligne l'horizon ; lorsqu'elles sont situées au-dessous de l'œil elles montent vers la ligne d'horizon.

— On appelle *frontaux* les plans ou les droites qui sont parallèles au tableau. Les droites ou les plans frontaux ne subissent pas de déformation en perspective. Il faut noter que les verticales, toutes parallèles au tableau sont frontales et en conséquence restent verticales en perspective (*fig. 12*).

— Toutes les mesures, horizontales, verticales ou obliques raccourcissent avec l'éloignement (*fig. 13*).

L'horizon

Observons un espace plat horizontal, infini. Sur la plage, au bord de la mer, on se trouve devant une immensité horizontale, l'eau. Pas de mouvement de terrain, pas de végétation, uniquement le ciel et l'eau.

Il y a tout au bout du champ visuel une ligne où se rejoignent l'eau et le ciel : l'horizon, à l'infini ; impossible de calculer son éloignement, il est inaccessible.

Cette ligne, quel que soit l'endroit où l'on se trouve est *toujours située au niveau des yeux*. Jamais on ne lève ou baisse la tête pour la voir : elle est toujours juste en face de nous que nous soyons assis (*fig. 14*), debout (*fig. 15*), allongés sur le sable ou tout en haut d'une falaise (*fig. 16*), l'horizon est toujours droit devant. *Ce qui change, c'est tout le reste, pas l'horizon.*

En dessin, cette ligne est appelée *ligne d'horizon* ; représentée par une droite horizontale elle se situe dans le dessin à la hauteur de l'œil du spectateur. C'est par

Ligne d'horizon

Figure 14 : Assis

Figure 15 : Debout

Feutre fin

Figure 16 : Sur la falaise

rapport à elle que vont s'organiser tous les éléments du dessin.

Les règles de base

Imaginons maintenant plusieurs groupes de personnages qui évoluent sur un même plan que le spectateur. Les yeux de ceux qui ont la même taille que ce dernier se situeront sur la ligne d'horizon, même si, du fait de leur éloignement, ils apparaissent plus petits. On s'aperçoit alors que sur le dessin plus ils semblent éloignés, plus ils apparaissent petits, plus l'endroit où leurs pieds touchent le sol se rapproche de la ligne d'horizon, monte dans le dessin.

De la même façon la pancarte qu'ils tiennent au-dessus de leur tête se rapproche, avec l'éloignement, elle aussi de la ligne d'horizon, descend dans le dessin (*fig. 17*).

Plus loin = plus petit

D'une façon générale *tout ce qui s'éloigne du spectateur, se rapproche sur le dessin de la ligne d'horizon, jusqu'à être réduit à un point en arrivant à la ligne d'horizon.*

L'image qui permet de comprendre le plus facilement les déformations qui s'opèrent en perspective est celle d'une route droite horizontale. Chacun a pu l'observer lorsqu'il se trouve sur une route droite et horizontale, les bords de la route semblent se rapprocher, converger vers un point, souvent invisible à cause de la brume, des accidents de terrains ou des bifurcations...

Or, tout le monde le sait, les bords de la route sont parallèles entre eux et ne se rejoignent pas. De plus, ils apparaissent obliques, montant vers leur point de rencontre, alors qu'en réalité ils sont horizontaux. Les

Plus loin = plus petit

Figure 17

Figure 18

Encre de Chine/plume

arbres, poteaux ou bâtiments qui se trouvent au bord de la route subissent le même genre de déformations optiques. Eux aussi convergent vers le point de rencontre des bords de la route et suivant qu'ils sont plus ou moins grands descendent ou montent vers ce point sur la ligne d'horizon. La distance qui les sépare diminue avec l'éloignement.

Le point de fuite

Près de la ligne d'horizon tout se confond puis disparaît complètement au niveau du point de rencontre de toutes ces lignes.

Ce point c'est *le point de fuite*. Vers lui convergent toutes les droites parallèles entre elles : les bords de la route, la ligne qui se trouve au milieu de la chaussée, la ligne sur laquelle sont plantés les poteaux, la ligne électrique en haut des poteaux... *qui forment un même système de parallèles* — elles « fuient » toutes vers le même point de fuite (*fig. 18*).

Si l'on se trouve à une intersection ou dans un carrefour en étoile, il y aura *autant de points de fuite que de directions différentes* (*fig. 12*).

À l'intérieur

Lorsque nous nous trouvons dans un espace fermé, à l'intérieur de la maison, dans un couloir par exemple, nous pouvons observer que la situation est à peu près identique, si ce n'est que l'espace est limité par des plans horizontaux ou verticaux. Cela nous permet de comprendre comment adapter la théorie à l'observation.

— Devant nous, le mur du fond est situé dans un plan frontal vertical ; les directions n'y apparaissent pas déformées.

— Le sol, le plafond, les murs sur le côté sont situés dans des plans fuyants perpendiculaires au mur du fond. Les horizontales qui les déterminent sont parallèles entre elles, parallèles à toutes les horizontales de ces mêmes plans. Elles auront donc toutes le même point de fuite, situé sur la ligne d'horizon, à l'intersection du rayon visuel perpendiculaire au tableau (prenez un crayon, vous suivrez plus facilement !).

On dessine en l'observant le mur du fond : lignes du sol et du plafond horizontales, bords verticaux, en portant une attention toute particulière aux proportions ; largeur, hauteur, à l'emplacement des éventuelles ouvertures.

Il faut ensuite déterminer la hauteur de la ligne d'horizon sur le mur du fond à l'aide du crayon que l'on place horizontalement à hauteur des yeux.

Placer ensuite sur la ligne d'horizon le point de fuite qui dans ce cas particulier se trouve juste en face du spectateur.

Il n'y a plus qu'à tracer les fuyantes ; estimer les mesures, les contrôler grâce aux aplombs et aux niveaux (*fig. 19*).

En changeant de place, d'un côté à l'autre, assis ou debout, l'aspect varie : le dessin est différent (*fig. 20*).

Multifuites

Il peut arriver, lorsque le volume est plus large, que l'on se trouve dans la situation où aucun des murs n'apparaît dans un plan frontal. Il y a alors plusieurs points de fuite ; deux si la pièce dans laquelle on se trouve a un plan rectangulaire.

Il faut alors déterminer la hauteur de l'intersection des deux murs sur le dessin, y tracer la ligne d'horizon. Avec le crayon évaluer la direction des lignes qui mar-

Points de fuite

Figure 19

Figure 20

Figure 21

Crayon

Formes simples (I)

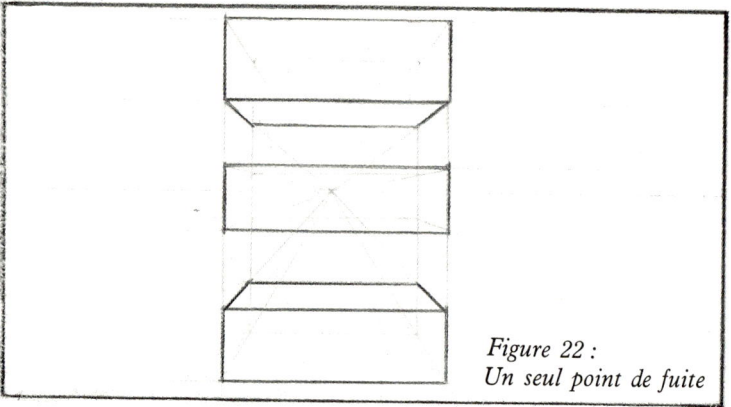

Figure 22 :
Un seul point de fuite

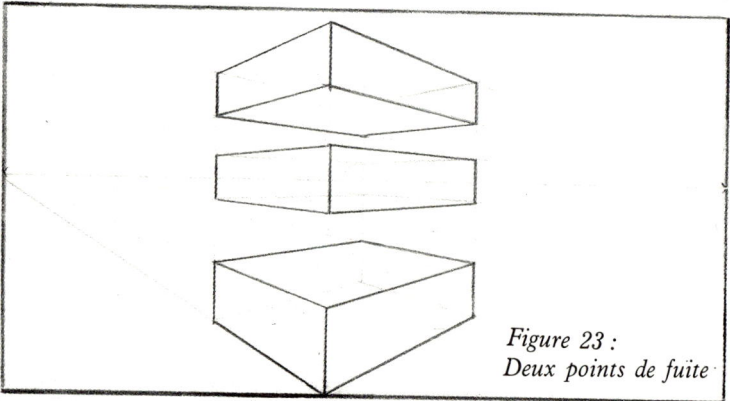

Figure 23 :
Deux points de fuite

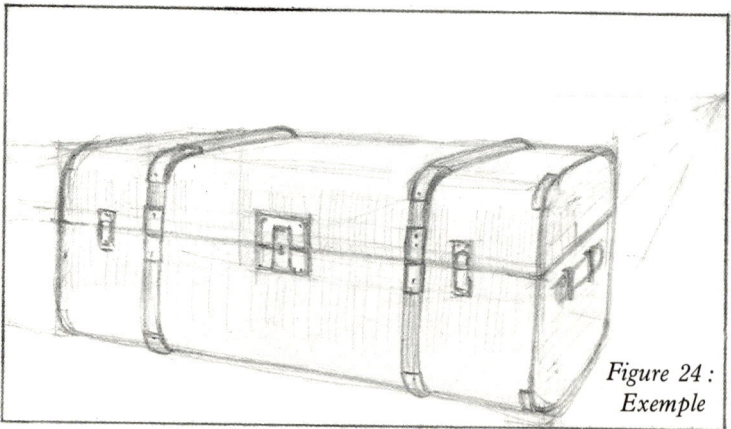

Figure 24 :
Exemple

Crayon

Formes simples (II)

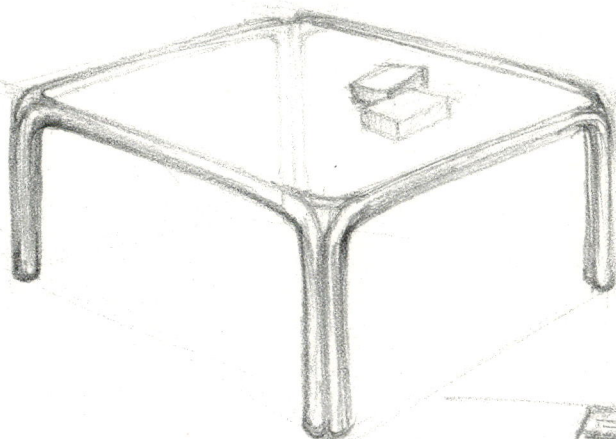

Crayon

quent le plafond ou le sol. Trouver les points de fuite en prolongeant ces lignes jusqu'à l'horizon.

À partir de ces éléments, dessiner ce qu'on voit en composant théorie et observation (*fig. 21*).

Formes simples

Toutes ces indications s'appliquent aussi bien aux dessins de volumes importants qu'aux dessins d'objets simples et de dimensions plus réduites.

Il faut simplifier le volume. Tracer la perspective de sa trace au sol, « monter » les verticales et à chaque hauteur tracer la perspective en fonction des points de fuite (*fig. 22-23-24 et planche 32*).

Les règles de la perspective sont les mêmes pour les formes rondes et pour les formes cubiques.

Le cercle

Il faut savoir qu'un cercle peut s'inscrire dans un carré, qu'il est tangent aux côtés du carré au point d'intersection des médianes (au milieu de chacun des côtés). Pour trouver celles-ci, il suffit de tracer les diagonales : elles aident à trouver en perspective les milieux des côtés (*fig. 25*).

Lorsqu'on fait pivoter le carré sur un de ces axes, on obtient au lieu d'une vue frontale une vue déformée. À l'intérieur du carré le cercle change de forme, s'aplatit. Il devient une ellipse.

L'ellipse a deux axes : un grand et un petit. La courbe qui la caractérise est continue et fermée et la partie la plus étroite, qui se trouve à chaque bout, ne doit jamais être dessinée comme une pointe (*fig. 26*).

On remarque que l'ellipse paraît plus ou moins ouverte suivant qu'elle s'éloigne ou se rapproche de la ligne

Perspectives du cercle

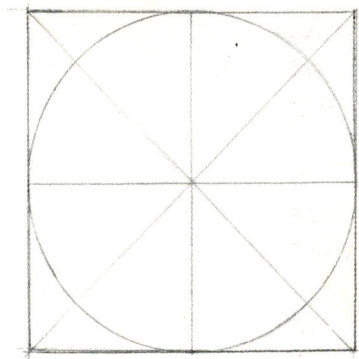

Figure 25 : Le cercle s'inscrit dans un carré...

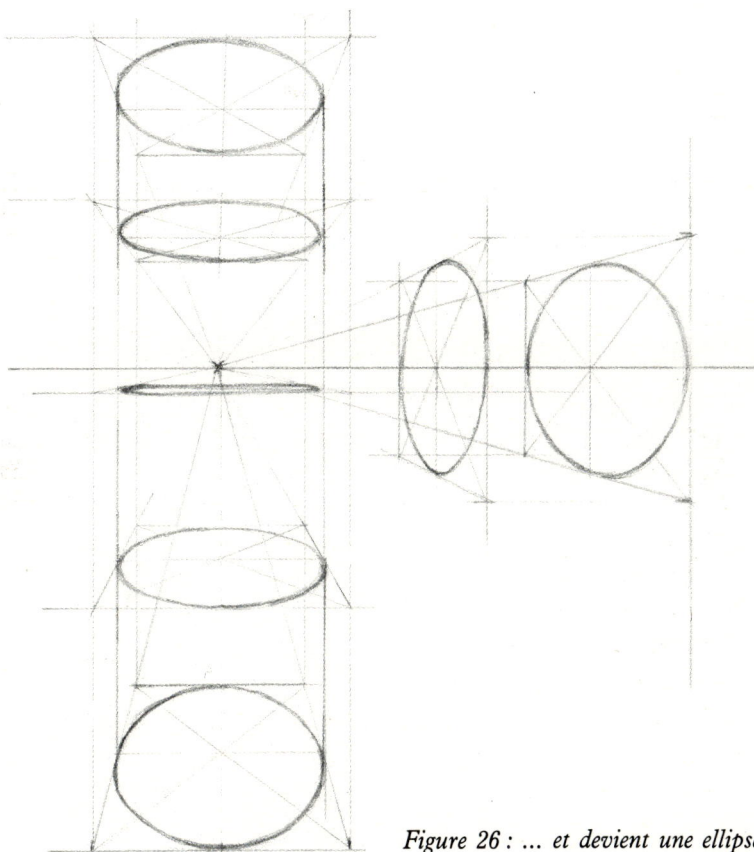

Figure 26 : ... et devient une ellipse

Crayon

Dessiner à main levée...

Crayon

PLANCHE 35

... des objets de forme arrondie

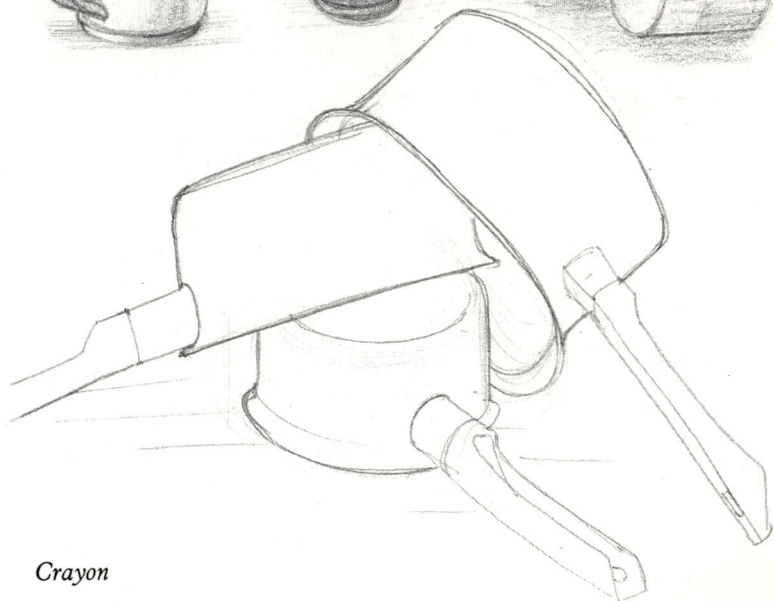

Crayon

d'horizon, mais aussi de la position dite « plan debout » (perpendiculaire au tableau au point d'intersection du rayon visuel, perpendiculaire à la ligne d'horizon).

Il est bon de s'entraîner à dessiner des cercles, puis des ellipses, à main levée ; essayer ensuite de les rattacher à des cônes, des cylindres, des troncs de cône ou des sphères coupées (*planche 34*).

On peut alors appliquer la théorie au dessin d'objets simples, de forme cylindrique ou arrondie en les observant de points de vue différents (*planche 35*).

Autres points de vue

Dans tous les cas qui viennent d'être décrits les objets sont situés « normalement » sur la base de plans horizontaux.

Il faut cependant noter qu'il existe des points de vue différents. Les plus courants sont les vues plongeantes, du haut vers le bas ; les vues en contre-plongée, du bas vers le haut.

La théorie reste la même mais les verticales deviennent fuyantes et les points de fuite ne sont plus situés sur la ligne d'horizon : au-dessus de la ligne d'horizon lorsque la vue est en contre-plongée, au-dessous de la ligne d'horizon lorsque la vue est en plongée (*fig. 27-28*).

Remarque

La bonne connaissance de la théorie facilite dans tous les cas le dessin d'observation. Il faut cependant toujours veiller à garder l'équilibre entre la théorie et la perception directe. La spontanéité d'un dessin étant souvent plus convaincante que la justesse de la perspective !

Autres points de vue

Figure 27 : Vue en contre-plongée

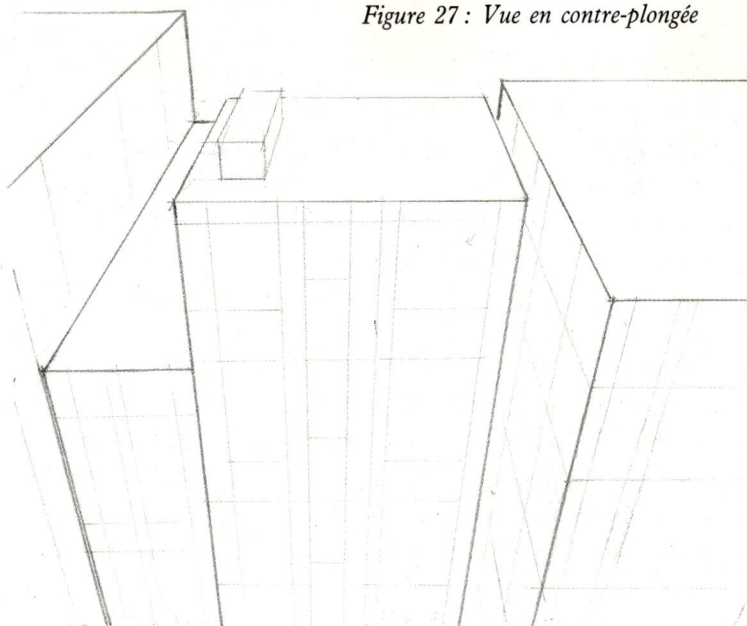

Figure 28 : Vue en plongée

Crayon

Perspectives parallèles

Nous avons vu dans le chapitre précédent la différence qui existe entre ce que l'on voit et ce que l'on sait des objets qui nous entourent.

La perspective conique permet de résoudre les problèmes posés par le dessin d'observation. Mais il est souvent compliqué et inutile d'imaginer et de tracer les éléments nécessaires à la construction d'un dessin en perspective (ligne d'horizon, points de fuite etc.) surtout lorsqu'il s'agit de représenter un volume simple, isolé ou de petites dimensions.

Les dimensions exactes, les proportions du volume sont données par son plan et l'élévation ou le profil de l'objet. L'image optique montre des dimensions réduites et des directions déformées.

Les perspectives parallèles, utilisées en dessin technique, permettent de proposer des documents représentant des objets ou des ensembles d'objets facilement reconnaissables et utilisables par le technicien.

Elles sont régies par des conventions très précises qui nécessitent une étude approfondie, étude que nous n'entreprendrons pas dans ce livre ! En voici seulement les grands principes :

1) les arêtes fuyantes montent du bas vers le haut du dessin — ce qui est en bas signifie en avant, ce qui est plus haut signifie plus loin,

2) la longueur des fuyantes, toutes parallèles entre elles, est généralement diminuée,

3) les horizontales frontales restent horizontales,

4) les verticales restent verticales,

5) certains angles sont modifiés.

Perspective cavalière

En perspective cavalière les faces frontales sont représentées sans déformation d'angle ou de direction et les dimensions, proportionnelles aux vraies dimensions, sont précisées par une échelle de grandeur.

Les lignes fuyantes forment un angle de 45° avec l'horizontale et les longueurs fuyantes sont réduites de moitié (*fig. 29*).

Vues isométriques

Les vues isométriques sont analogues aux vues en perspective cavalière mais avec des conventions différentes : toutes les faces sont fuyantes : arêtes à 30° et 60° — ou 30° et 30° — ou encore 30° et 45° avec l'horizontale — les grandeurs restent proportionnelles aux grandeurs vraies (*fig. 30*).

Dans tous les cas les verticales restent verticales.

Les perspectives parallèles permettent un maximum de clarté dans la représentation des objets : c'est pourquoi elles sont souvent choisies pour représenter les volumes. Elles se montrent très efficaces, lorsqu'il s'agit d'imaginer, d'expliquer ou de suggérer des volumes, des ensembles d'objets, l'espace. Elles sont souvent utilisées pour la représentation des objets de petites dimensions, pour lesquels il est inutile de construire tout le système perspectif (*fig. 31 et planche 38*).

Perspectives parallèles (I)

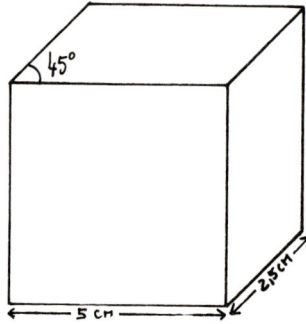

Figure 29 :
Perspective cavalière d'un
cube de 5 cm de côté

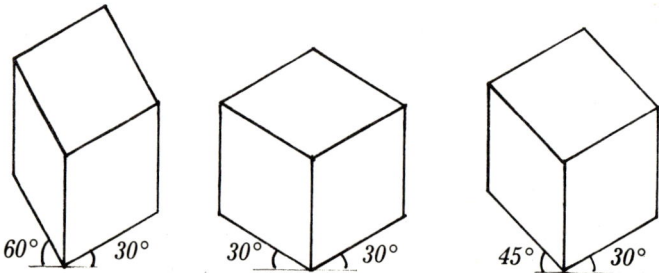

Figure 30 : Vues isométriques d'un cube de 2,5 cm de côté

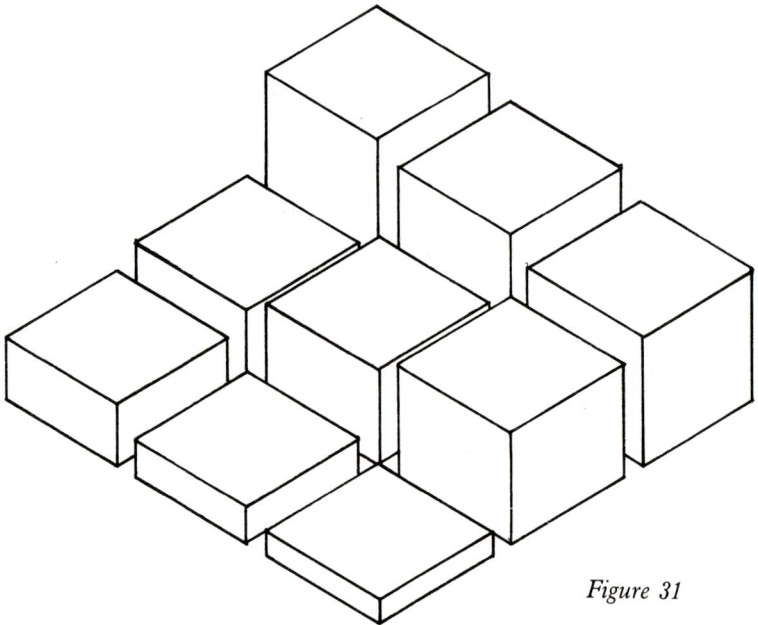

Figure 31

Feutre fin

Perspectives parallèles (II)

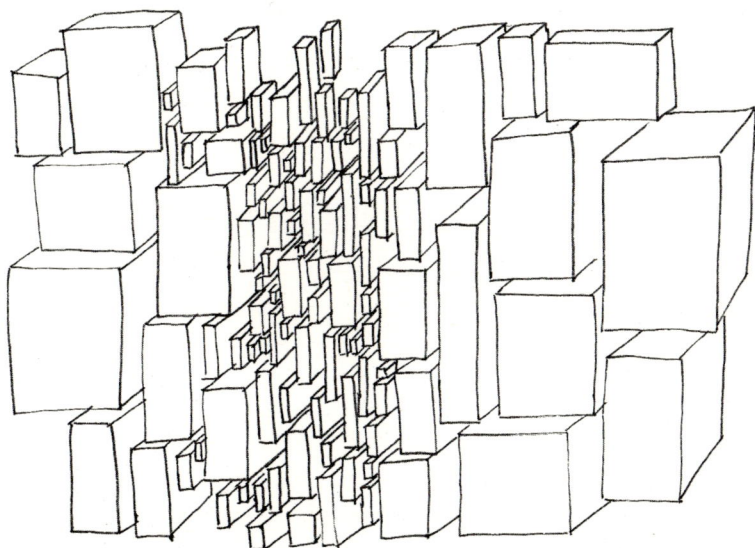

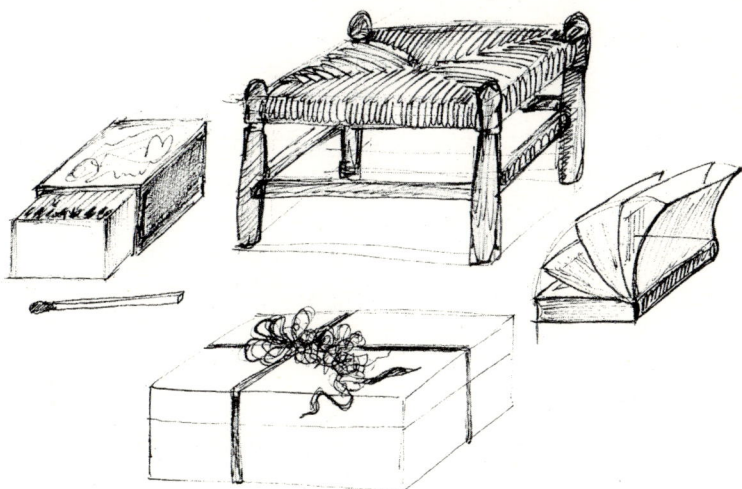

Feutre fin

OMBRES ET LUMIÈRES

La lumière nous permet de voir ce qui nous entoure ; lumière du jour ou lumière artificielle, elle éclaire l'objet, accentue ses particularités, joue avec le volume en créant des zones éclairées et des zones foncées, zones de lumière et d'ombre qui affirment le caractère de l'objet et définissent sa position dans l'espace.

Les valeurs d'ombre et de lumière rendent intelligible à l'imagination l'organisation des volumes et sont un élément important de la représentation des objets dans le dessin d'observation.

Le dessin des ombres et des lumières dépend de la qualité et de la quantité des sources lumineuses mais aussi de la forme, de la matière, de la couleur de l'objet et de la position qu'il a par rapport à cette source lumineuse.

Les rayons lumineux émis par une source lumineuse partent dans toutes les directions à partir de cette source.

La source lumineuse naturelle c'est bien sûr le soleil, qui envoie de toutes parts dans l'univers ses rayons chargés de chaleur et de lumière. À un point donné de la terre, du fait de l'éloignement et de la taille réduite de notre planète par rapport au soleil, la lumière peut être considérée comme étant provoquée par une infinité de rayons lumineux tous parallèles entre eux.

Ombres et lumières : construction

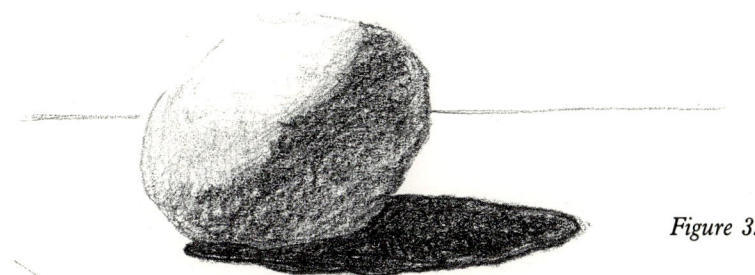

Figure 32

Figure 33

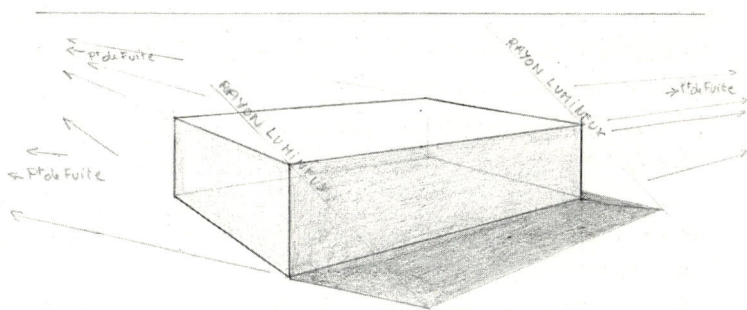

Figure 34

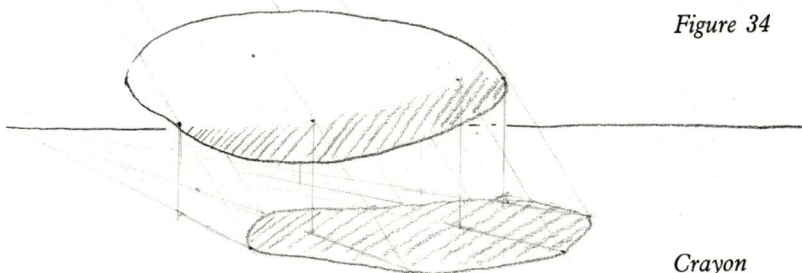

Crayon

Ils éclairent tout ce qu'ils touchent mais sont arrêtés par tout ce qui est opaque ; là où il y a absence de lumière c'est l'ombre : ***ombre propre*** sur l'objet lui-même à l'opposé de la lumière ; ***ombre portée*** sur ce qui entoure l'objet à l'endroit où la lumière est cachée par l'objet ; ombres plus ou moins marquées suivant que la lumière est intense ou tamisée. L'ombre propre et l'ombre portée sont toutes deux du même côté de l'objet (*fig. 32*).

Lumière du jour

La forme de l'ombre portée dépend de la position du soleil dans le ciel, de l'angle que forment ses rayons avec le sol et de la position de l'objet dans l'espace. Sa représentation répond aux lois de la perspective.
— Lorsque le soleil est bas sur l'horizon (coucher ou lever du soleil - hiver) les ombres portées sont très longues.
— Lorsque le soleil est au zénith (l'été à midi) les ombres portées sont très courtes (*fig. 33*).
Pour dessiner l'ombre d'un objet, il suffit en théorie de ***tracer les rayons tangents à l'objet***. À partir de la projection sur le sol de chaque point de tangence on trace la perspective des horizontales. Le point de rencontre des rayons et des horizontales donne l'image de l'ombre portée du point sur le sol (*fig. 34*).
Lorsque le volume n'est pas simple, ou si l'espace qui l'entoure est compliqué, ou encore lorsque plusieurs objets sont rapprochés, les ombres portées suivent la forme et la direction des plans sur lesquels elles se dessinent. Elles se combinent alors avec les ombres propres pour former des ensembles souvent complexes (*planche 40*).
L'ombre propre de l'objet se trouve sur l'objet dans

PLANCHE 40

Ombres portées

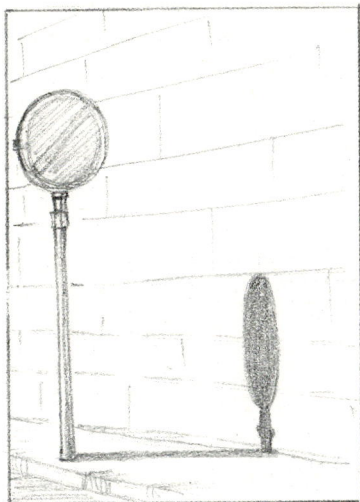 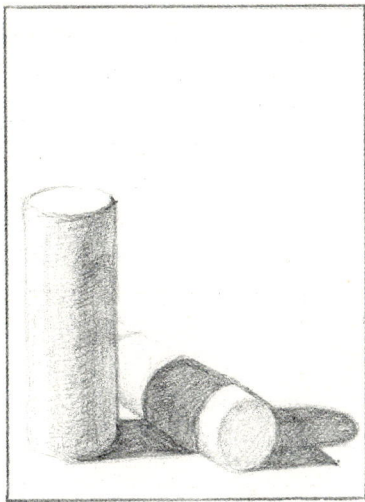

FIG 4

Crayon

la partie opposée à la lumière. Elle est séparée de la lumière par une ligne plus ou moins marquée appelée : *ligne séparatrice d'ombre et de lumière.* Elle suit les points de tangence des rayons lumineux avec l'objet ; lorsque l'objet a des arêtes vives, les séparatrices d'ombre et de lumière apparaissent clairement.

Lorsque l'objet a une forme moins vive, plus arrondie, la séparatrice d'ombre et de lumière est estompée par un dégradé de valeurs : de la plus claire (là où les rayons lumineux sont perpendiculaires à l'objet) à la plus foncée (au niveau de la séparatrice d'ombre et de lumière). Les faces les mieux éclairées sont en effet celles qui sont perpendiculaires aux rayons lumineux ; cette clarté diminue lorsque les faces éclairées se rapprochent de la parallèle aux rayons lumineux ; elle disparaît lorsqu'il y a absence de lumière.

Souvent des zones plus claires apparaissent dans les ombres propres. Elles sont dues aux rayons lumineux reflétés par ce qui entoure l'objet (*fig. 35*).

Il faut souligner l'importance de la séparatrice d'ombre et de lumière dans le dessin : c'est elle en effet qui marque à la fois le volume et le caractère de l'objet (*fig. 36*).

Lorsque la lumière est tamisée (nuages) les contrastes clair/foncé s'estompent ainsi que le contour des ombres ; les ombres portées peuvent même disparaître presque complètement.

Lumière artificielle

Les sources lumineuses autres que le soleil sont celles des éclairages artificiels, elles sont plus ou moins ponctuelles et peuvent être plus ou moins nombreuses.

La construction de ces ombres est théoriquement la

Ombres et lumières : utilisations

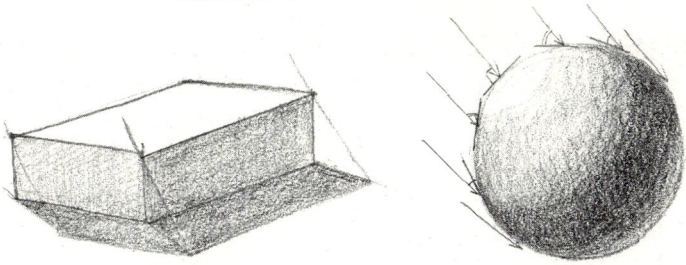

Figure 35

Figure 36

Figure 37

Crayon

même que celles des ombres au soleil si ce n'est que les rayons lumineux ne sont alors plus parallèles entre eux, mais divergents à partir du point d'émission de la lumière.

D'autre part si plusieurs sources lumineuses interfèrent, leurs effets lumineux s'ajoutent et le tracé des ombres se complique du fait de la différence d'intensité lumineuse entre les différentes sources ou de leur éloignement (l'intensité peut aussi diminuer avec l'éloignement) et de leur position réciproque (*fig. 37*).

C'est grâce à la bonne compréhension de ces phénomènes et par leur observation attentive que le dessinateur peut maîtriser l'expression des volumes.

ÉTUDE DES FORMES NATURELLES

Objets

On peut considérer comme des objets les choses naturelles ou fabriquées qui sont dépourvues de vie. Mais tout objet, même le plus usuel, a de l'expression et du caractère.

Observation

Un objet se présente comme un *volume* dont il faut observer :
— la nature et la forme (simple ou complexe),
— la position qu'il occupe par rapport au spectateur (loin, près, de face, de profil... vu de dessus, de dessous...),
— la matière,
— la couleur,
— la façon dont il est éclairé.

Ensuite, observer comment il est construit, quelle est la forme des différentes parties qui le composent. Les matières qui apparaissent sont-elles claires, foncées, brillantes, mates, homogènes...

Penser aux schémas qui traduisent le mieux l'organisation de la forme.

Et chercher par quels moyens plastiques sera rendue la forme imagée.

Objets (I)

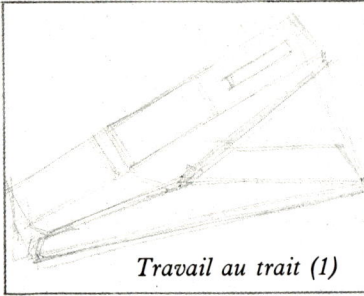

Travail au trait (1)

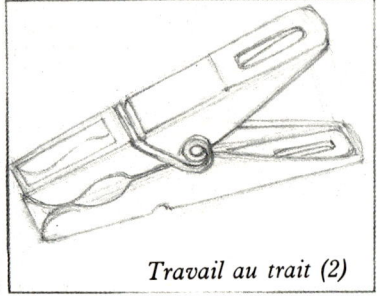

Travail au trait (2)

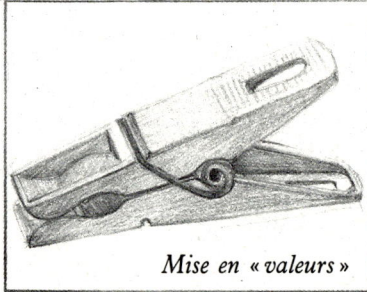

Mise en « valeurs »

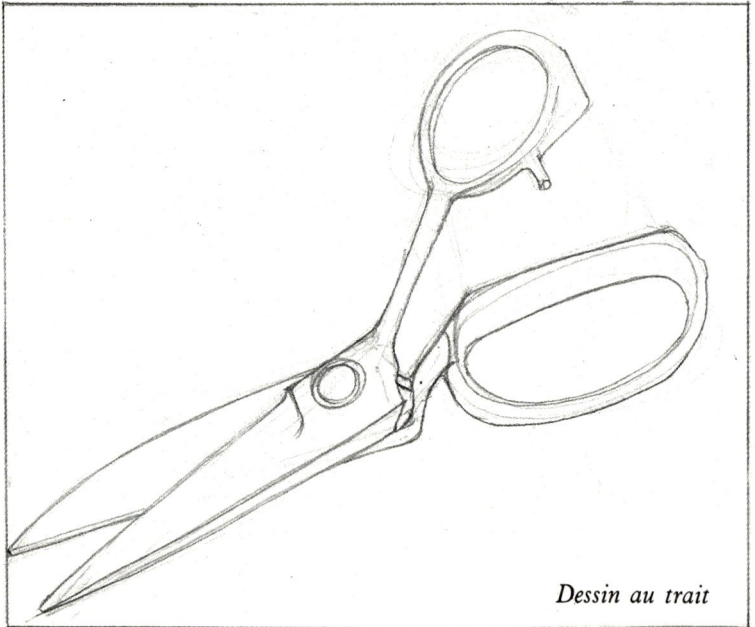

Dessin au trait

Crayon

Objets (II)

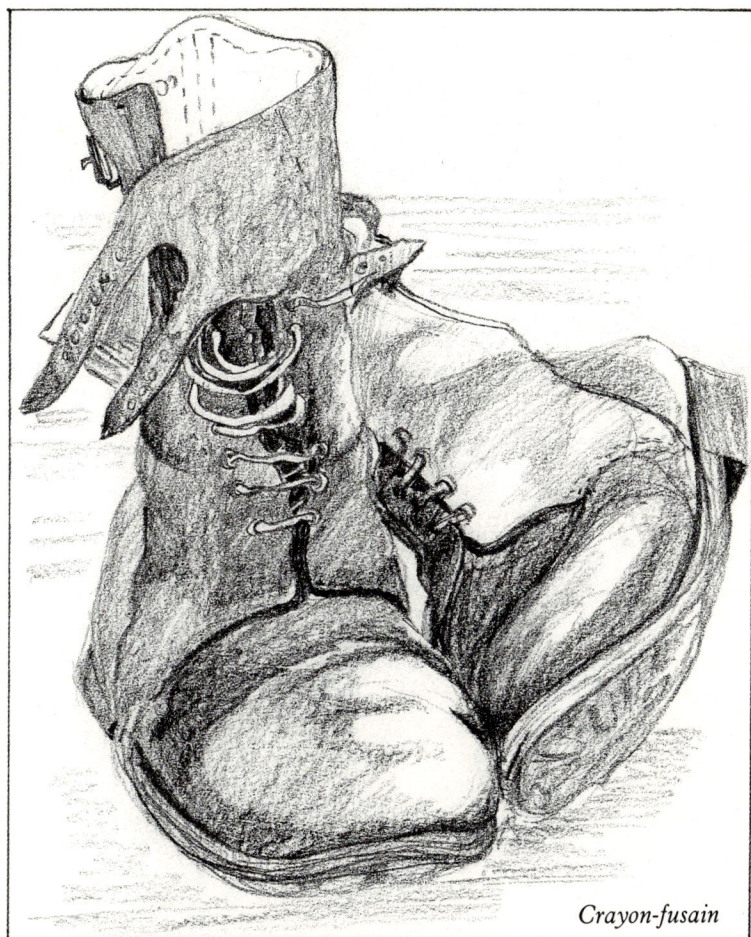

Crayon-fusain

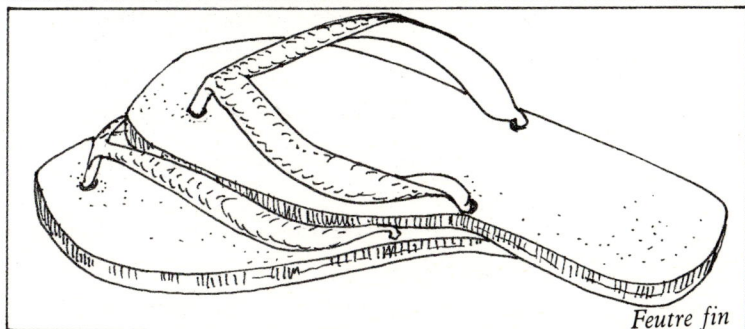

Feutre fin

Différentes interprétations d'un même sujet : la chaussure
1 — étude en valeurs.
2 — étude au trait

Mise en page

La première chose à laquelle on doit réfléchir est la mise en page. Mettre en page c'est *composer une forme* dans la feuille de dessin, *décider de la grandeur du motif, répartir les vides par rapport aux pleins, situer les contours, ouvrir la forme sur un vide* plutôt que sur une limite, *penser au problème de la gravité* (un objet penché dans la feuille peut sembler déséquilibré), *trouver à quel endroit de la feuille le dessin sera le plus expressif.*

Il faut donc tracer la forme enveloppante de l'objet et résoudre les problèmes posés par la transcription du volume (perspective).

Puis en évaluant les proportions et les directions *on met en place le dessin par petits traits légers*. Même s'ils sont corrigés, ils ne nuisent pas forcément à la lecture du dessin et peuvent être conservés. *On procède par étapes, de l'ensemble au détail.*

À chaque moment *on contrôle les niveaux* (horizontales), *les aplombs* (verticales), *les proportions, les pleins et les vides.*

Lorsque la mise en place est faite on passe à la seconde étape du dessin documentaire, la mise en œuvre des moyens graphiques les mieux adaptés à la traduction du volume, de la matière, de la couleur (*planche 42*).

Moyens graphiques

On peut se contenter de dessiner par *traits*, lorsque les détails demandent une grande précision ou que les contrastes sont purement formels. Il faut alors indiquer clairement les superpositions, moduler la ligne : les pleins et les déliés suggèrent le mouvement, l'éclaircissement des lignes de l'avant vers l'arrière ou d'un côté sur l'autre fait naître une impression d'espace.

On peut utiliser les *valeurs* (voir p. 53) pour indiquer le volume, la couleur, les effets de lumière, les reflets...

On peut travailler avec des *structures* (voir p. 57) pour indiquer des matières, des différences de surfaces, quelquefois le volume.

On peut également **combiner le tout** et dessiner en traits, en valeurs et en structures, en faisant attention que les uns et les autres ne luttent pas entre eux. Il est inutile de cerner par une ligne une surface exprimée par une valeur (*planche 43*).

En même temps il faut essayer de *se dégager de l'imitation servile du modèle* pour transformer le dessin documentaire en un fait plastique qui se détache de la chose observée, qui est ressemblant, mais dont la forme a une valeur en tant que telle.

Les problèmes posés par le dessin d'un objet isolé se multiplient lorsqu'on veut dessiner plusieurs objets ensemble. Il faut choisir comment les organiser, décider de quel point de vue se placer pour obtenir le meilleur effet, composer le dessin, déterminer l'importance des différents éléments, trouver une unité, un rythme.

Les végétaux

La plante est un être vivant. Pour bien observer les végétaux, il faut comprendre que leur forme est le résultat d'une organisation interne complexe dépendant de faits biologiques ou organiques. Leur origine, leur croissance, leur milieu, leur fonction déterminent leur aspect extérieur.

Le dessin « végétal » prend en compte ces nécessités biologiques et les traduit par des moyens qui lui sont propres. Ainsi, il est bon de *commencer cette étude par l'observation et la transcription de détails.*

Plantes : détails

Crayon - Encre de Chine/plume

Plantes : organisation

Crayon

Plantes : composition

Encre de Chine/plume

Plantes : mise en page

Encre de Chine/lavis

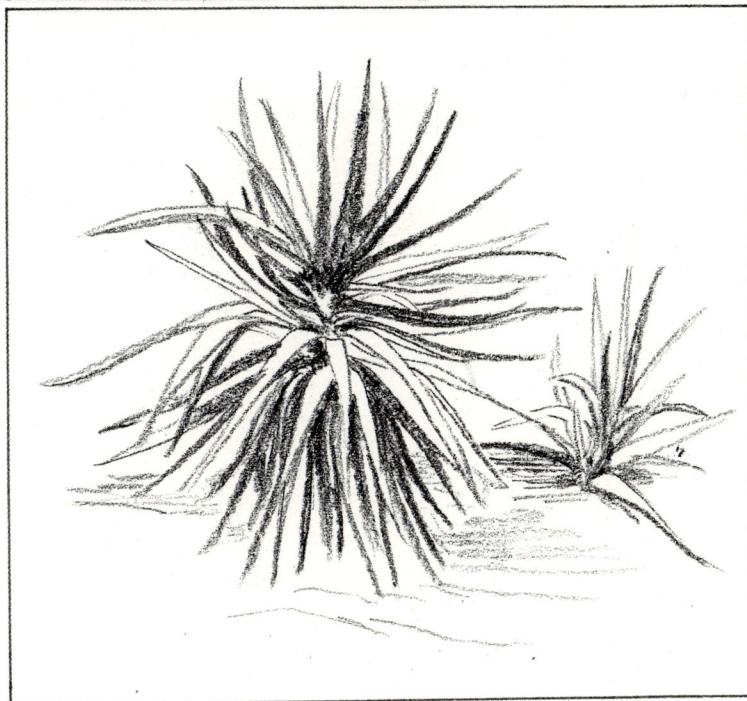

Crayon-fusain

Plantes

Il faut observer la façon dont le bourgeon s'attache sur le rameau, la disposition des écailles, le développement de la feuille ou de la fleur... et porter une attention particulière aux attaches, aux liaisons, aux recouvrements.

La traduction se fait librement au crayon ou au fusain ou à l'encre avec un fort agrandissement. Du bourgeon à la fleur, de la fleur au fruit, de la graine à la plante, les exercices sont innombrables (*planche 44*).

En observant une plante dans son entier on y retrouve l'organisation générale du monde végétal, la racine, les tiges, les feuilles, les fleurs, les fruits (*planche 45*), avec une infinité de formes, de grandeurs, de proportions, de caractères que l'on étudie pour chaque plante en partant de la forme générale pour arriver au détail puis en recomposant à partir du détail pour reconstituer l'ensemble.

La nature doit être rappelée aussi fidèlement que possible. Mais en même temps il faut trouver les meilleures solutions graphiques : par le choix du moyen d'expression et par l'organisation, composition dans laquelle interviennent les rapports de contrastes, de forme et de fond (*planches 46 et 47*).

Arbre

L'arbre tient une place particulière dans la représentation du monde végétal. Sa taille, la complexité des éléments qui le composent, sa métamorphose au cours des saisons, les structures différentes qui se lisent dans les matières dont il est fait sont une source inépuisable d'observations et d'interprétations.

Arbre : détails

Crayon

Arbre : tronc

Crayon-fusain

Les espèces et les formes sont sans nombre. En regardant un arbre, un dessinateur débutant est souvent dérouté par l'imprécision du contour et du volume. Mais on sait que *l'arbre a une architecture interne* constituée par le tronc et les branches. C'est en hiver que l'on observe le mieux cette architecture.

Le tronc est l'axe, le pilier qui établit la liaison entre les racines et le feuillage, qui porte les branches et les rameaux. Il est généralement vertical, puissant et plus épais que les branches, même les plus importantes. Les branches maîtresses, proches du tronc, sont plus grosses que les autres. À leur embranchement apparaît un épaississement. Elles se ramifient et s'amincissent au fur et à mesure de leur croissance (*planche 48*).

La richesse graphique provient de la grande diversité des lignes, de l'abondance des formes, des contrastes, des vides et des pleins et de l'impression de force dynamique qui s'en dégage (*planche 49*).

En été, ou lorsque l'arbre a conservé son feuillage, il ne suffit pas pour l'exprimer correctement de tracer une ligne enveloppante (encore que celle-ci permette par sa simplicité de définir rapidement la forme générale). Il faut surtout essayer de *dégager le caractère de l'arbre, par l'étude des proportions générales*, puis le rapport entre le tronc et le feuillage ; *par le dessin du tronc* : noueux, droit, tordu... *par la définition du volume général* du feuillage — rond, allongé, pointu, plat —, et *par sa qualité* : homogène, léger, tombant, souple ou au contraire lourd, raide.

On essaie également de dégager les masses feuillues qui se détachent de l'ensemble par *la recherche des ombres les plus importantes* que l'on distingue en clignant des yeux et de dessiner les fourches des branches qui y apparaissent (*planche 50*).

On peut aussi le représenter par sa silhouette en étu-

Arbre : feuillage

Stylo-bille

Arbre : écorces

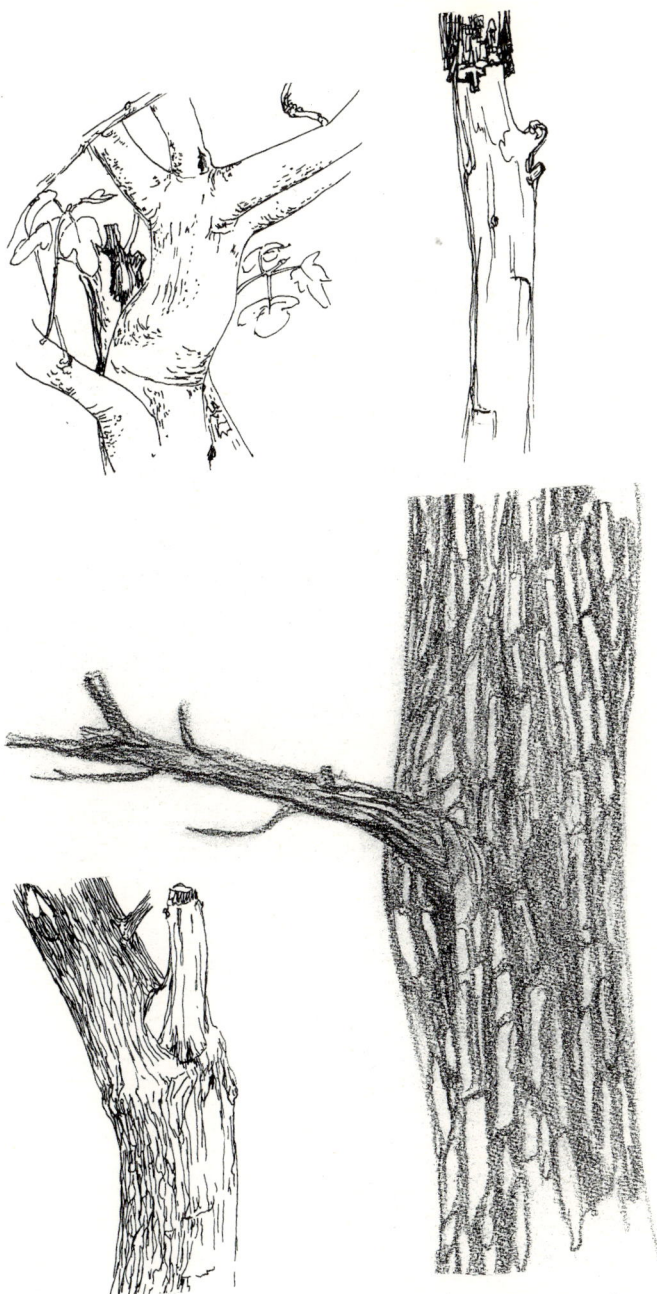

Encre de Chine - Crayon-fusain

diant d'une façon très précise le contour exact et les vides qui animent la forme. Et n'oubliez pas que le dessin de l'arbre peut donner lieu à d'intéressantes études sur la matière du bois, des écorces, du feuillage (*planche 51*).

Formes, volumes, matières, rythmes, de la qualité de l'écorce ou du feuillage à l'expression de la force vivante, tout peut être dit par des lignes, des valeurs, des structures, avec n'importe quelle technique, celle-ci visant toujours à la plus grande efficacité. Mais une attention toute particulière doit être donnée à la composition dans la page.

Le paysage

Un paysage c'est la nature tout entière, objets, plantes, personnages, disposés au hasard, sans intention préalable. Finie l'étude du dessin de détails ou de groupes d'objets spécialement disposés pour être dessinés. Ici, on franchit une étape sérieuse.

Dans un paysage l'œil est sollicité de droite à gauche par toutes sortes d'éléments. On voudrait tout dessiner, faire tenir trop de choses sur la feuille. Mais en combinant plusieurs sujets importants dans la même composition on éparpille l'attention. Ils luttent entre eux, rien ne ressort.

Il se pose donc au départ *le problème du choix*. Et ce choix joue dans la création artistique un rôle important.

Dans le dessin d'après paysage, c'est de la justesse de ce choix que dépend la réussite du dessin : il faut savoir distinguer les formes essentielles des formes secondaires, déterminer de quels éléments dépend le caractère de tel paysage — quelle partie du paysage représente le mieux ce caractère et par quelles formes.

Le second problème est celui de *l'interprétation de ces*

PLANCHE 52

Paysage : composition

Feutre - Crayon

Paysage : travail au trait

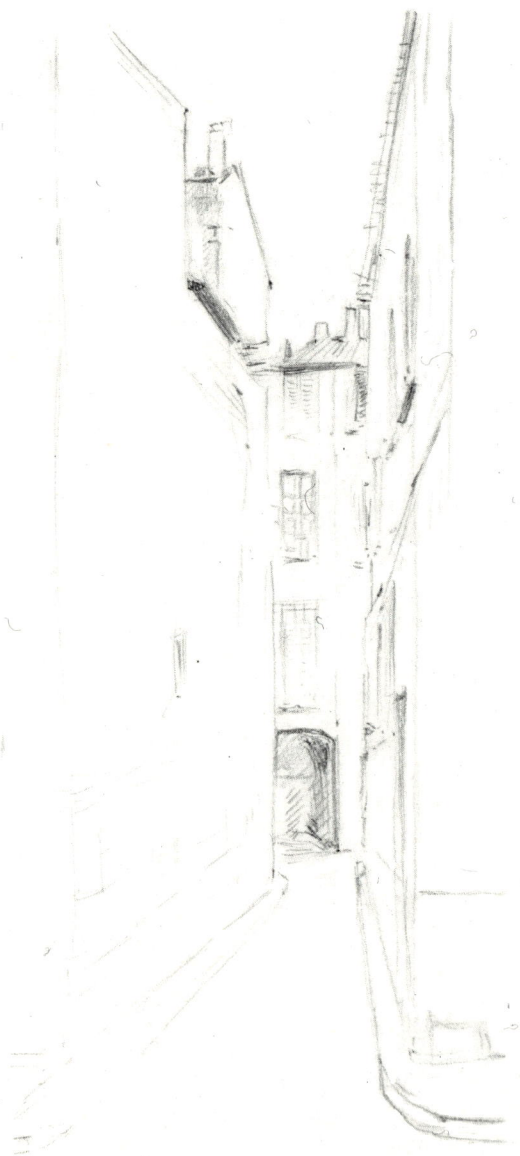

rue petit limas

Crayon

Paysage : rythmes

Crayon - Encre de Chine/plume

Paysage : valeurs

Encre de Chine/lavis

Paysage : lumières

Crayon

PLANCHE 57

Paysage : cadrages

Encre de Chine/lavis - Crayon-fusain - Crayon

éléments : comment représenter, comment rendre important ce qui est important.

Un paysage peut être perçu de différentes façons : comme une composition de masses et de volumes, de couleurs et de valeurs, comme un rythme ou un mouvement, comme l'accumulation de petits éléments de structures (*planche 52*).

Il peut de plus impressionner par sa douceur, sa sévérité, sa force, sa tranquillité, sa violence, son rythme, son aspect calme ou menaçant. L'interprétation que l'on en fait tient compte de tous ces aspects qu'il faut rendre avec les meilleurs moyens possibles sans oublier que la composition tient là une place très importante.

Un *travail au trait* permet de mettre en place les grandes lignes, de tracer les horizons, les grandes masses, le rythme des droites et des ondulations, les convergences, les étalements (*planches 53-54*).

Le *travail en valeur* permet de traduire les effets de volume d'espace et de couleur. C'est souvent par le contraste des tons clairs et foncés, par la fine graduation des gris que le paysage s'impose à nous. Le plus souvent les valeurs les plus contrastées se trouvent au premier plan. Les agents atmosphériques, la lumière, estompent les plans éloignés et les éclaircissent (*planches 55-56*).

Les structures expriment matière, valeurs, atmosphère et peuvent être employées en tant que telles ou combinées avec d'autres moyens plastiques.

Un paysage c'est aussi bien une large étendue qu'un coin de verdure ou de maison, un détail qui s'organise au milieu d'un tout et que l'on doit transcrire en le subordonnant à l'ensemble dont il fait partie (*planche 57*). *L'important c'est ce qui a fait naître l'émotion, le sentiment, et qu'il faut traduire, faire comprendre, par un langage graphique.*

Animaux

L'animal comme la plante est un être vivant dont l'aspect extérieur répond à des nécessités biologiques, liées à son développement, à son mode de vie, au milieu dans lequel il vit et à la façon dont il se déplace. Mais il diffère bien évidemment de la plante par son mode d'alimentation, de reproduction et surtout par la faculté et l'autonomie qu'il a de se déplacer.

L'animal partage notre environnement. Il n'en fait pas partie comme une chose extérieure, un objet inanimé. Il l'envahit. Il cohabite avec l'homme. Désirable ou indésiré, aimé ou détesté, il s'impose et ne nous laisse pas indifférents. Sur l'image de l'animal vient se greffer un monde de légende qui influe profondément sur le sentiment que l'on éprouve à son égard.

Les espèces animales comme les espèces végétales sont d'une variété infinie. Les scientifiques les ont classées en groupes de caractères et de fonctions communes. Mais à l'intérieur de chaque espèce les différences sont innombrables, différences de groupe, mais aussi différences individuelles que l'on apprécie plus ou moins selon les relations que l'on entretient avec l'animal : je ne confonds mes chats avec aucun autre, mais les lézards dans le jardin me paraissent tous se ressembler.

La distinction la plus importante du règne animal se fait entre les vertébrés et les invertébrés (ceux qui ont un squelette et ceux qui n'en ont pas). Parmi les invertébrés, la classe des insectes comprend plus d'un million d'espèces avec pour chacun ses propres particularités : tête, thorax, abdomen, pattes, antennes, ailes sont toutes de formes et de tailles différentes.

Animal : observation

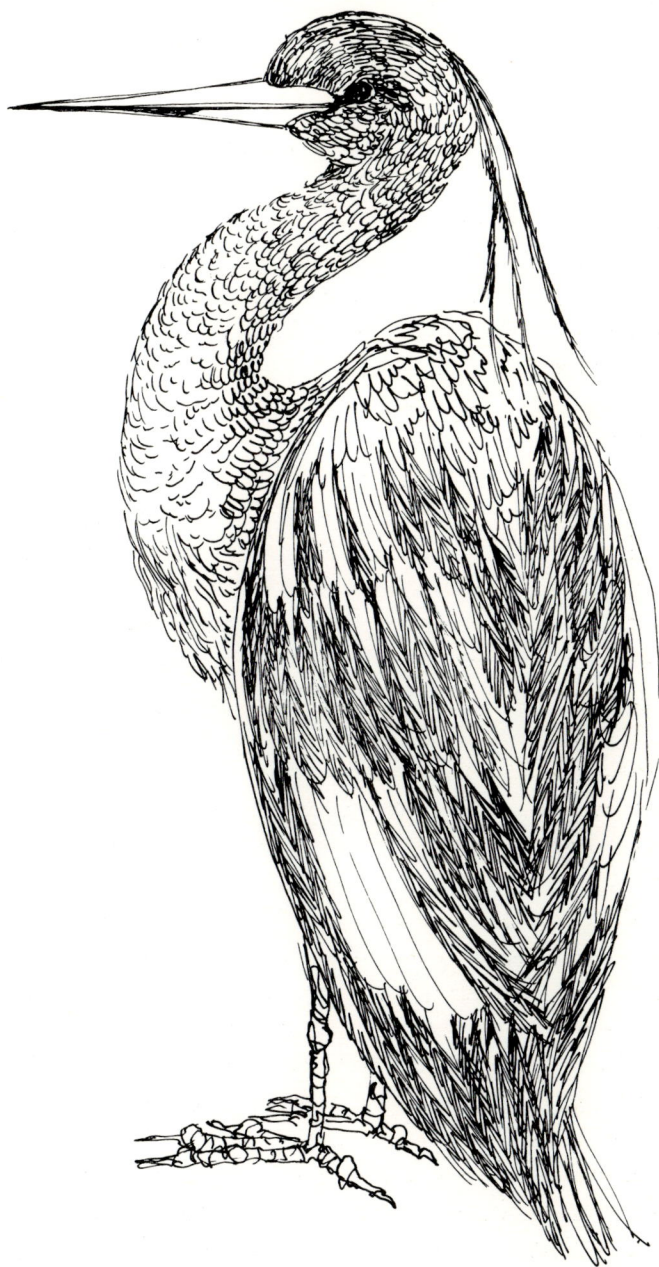

Encre de Chine/plume

Animal : construction et détails

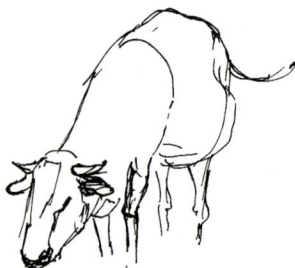

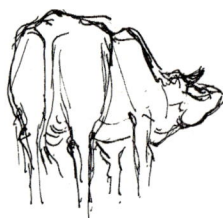

Crayon - Encre de Chine

Les vertébrés, poissons, batraciens, reptiles, oiseaux, mammifères ont pour point commun la présence d'un squelette à l'intérieur de leur corps, squelette qui sert d'architecture interne, qui définit forme et mouvement et sur lequel s'organisent muscles, organes, peau.

Le mouvement est lié aux possibilités d'articulation du squelette et la forme extérieure dépend de celui-ci en même temps que de la musculature et de la matière qui les recouvre (peau, fourrure, pelage, écailles), ainsi que de la qualité de cette couverture (épaisse, lisse, brillante, rugueuse...).

Tout cela afin de vous faire remarquer que pour dessiner un animal d'après nature il est important de bien connaître ce qui le caractérise. Il est souvent utile d'étudier auparavant le squelette, la position des membres, la ligne de contour puis la façon dont l'animal bouge.

La connaissance exacte de détails importants (tête et yeux, mufle, bec... pattes, serres, sabots, doigts...) facilite le dessin de l'animal entier.

Il faut bien sûr *observer avec attention*. Il est plus facile pour un débutant de travailler d'après un modèle naturalisé ou d'après un modèle immobile et qui garde assez longtemps la même position ! (*planche 58.*)

On commence le dessin en traçant la ligne d'enveloppe à l'aide de droites ou de courbes qui aident à la mise en page et à la définition de la surface dessinée.

La tête, le cou, le corps, les pattes sont définis par des lignes simples. On nuance ensuite le contour en précisant la ligne et en indiquant avec netteté les attaches des différentes parties du corps (pattes, cou...). Les lignes intérieures aident à préciser les masses (*planche 59*).

Dans tout dessin on doit allier justesse des proportions et justesse du mouvement ce qui est souvent difficile à réaliser pour un débutant. Pour un animal, il est

Animal : croquis

Crayon - Encre de Chine

Animal : expressions

Encre de Chine/lavis

quelquefois intéressant de pratiquer soit l'une soit l'autre. Quelques études peuvent être consacrées uniquement à capter le mouvement principal par une ligne ou une surface rythmique tracée d'un jet en laissant de côté les détails.

Il faut ensuite chercher à atteindre une forme graphique la plus expressive possible et pour cela aller à l'essentiel. On ne se contentera pas d'une ligne uniforme de contact mais on cherchera son expression : *un contour net est exprimé par une ligne vigoureuse. Une ligne douce traduit une limite indistincte, un trait fin le passage de la lumière, un trait épais la marque d'une ombre...*

Rappelez-vous que les valeurs de clair-obscur affirment un volume, une masse, des couleurs. Les structures nuancent la surface, font apparaître les contrastes (entre le sabot de corne et la souplesse du pelage — la rugosité de la patte et la douceur du duvet...).

Lorsque l'animal est vivant il bouge souvent et il faut procéder au dessin à l'aide de croquis rapides, souvent incomplets mais répétés de façon à apprendre par cœur la forme qu'il faudra ensuite recomposer pour un dessin plus élaboré ou plus complet.

À l'exactitude de l'observation doit s'ajouter l'expression d'une sensibilité. Chacun perçoit l'animal d'une façon différente et choisit pour le dessiner des moyens divers adaptés à l'expression de sa propre vision (*planche 61*).

Homme

La représentation de l'homme a été de tout temps une préoccupation essentielle dans l'art.

L'homme peut être perçu en tant qu'élément d'une espèce. On ne retient alors de lui qu'une image type universelle. Le personnage est caractérisé par sa morphologie. On pourrait l'imaginer sous la forme d'un pantin articulé dont les proportions répondraient à des règles théoriques.

Proportions « canons »

Ces règles variables suivant les cultures sont appelées *« canons »*. Elles traduisent une moyenne établie grâce à des mesures prises sur un grand nombre d'individus, ou servent à exprimer un certain idéal de beauté.

Le « canon » prend comme base de mesure une partie du corps à partir de laquelle on détermine les mesures de l'ensemble.

Pour les Egyptiens le médius serait compris 19 fois dans la hauteur du corps.

Pour Polyclète (sculpteur grec) l'unité était la paume de la main. Pour les Romains le pied est contenu 6 fois dans la hauteur du corps et la face (du menton à la racine des cheveux) 10 fois.

Le canon grec, simplifié à huit divisions (la tête serait contenue 8 fois dans le corps), ne se retrouve que chez un groupe restreint d'individus.

En général chez un adulte de grande taille *la tête est contenue 7 fois 1/2 dans le corps.* Plus le sujet est petit, plus la tête est grosse par rapport au corps.

D'une façon tout aussi générale *la moitié du corps correspond à la fourche des cuisses. La hauteur des jambes égale celle du tronc et de la tête et l'envergure* (les deux bras étendus horizontalement) *la hauteur totale du corps.*

Le tronc est divisé en deux parties d'égale longueur : le buste et le bassin. Le genou se situe au milieu de la hauteur totale de la jambe. Remarquons que *le pli du coude correspond à la taille,* que *le bras et l'avant-bras*

Homme : proportions

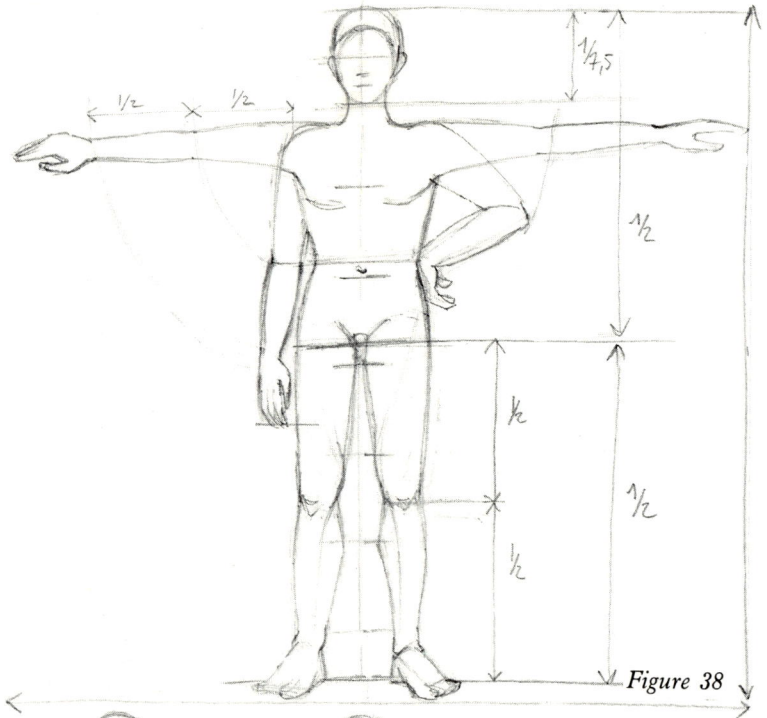

Figure 38

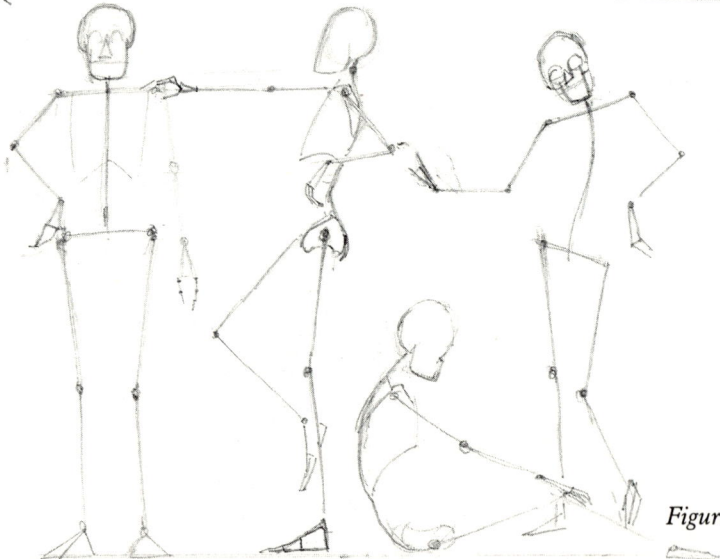

Figure 39

Crayon

Homme : articulations

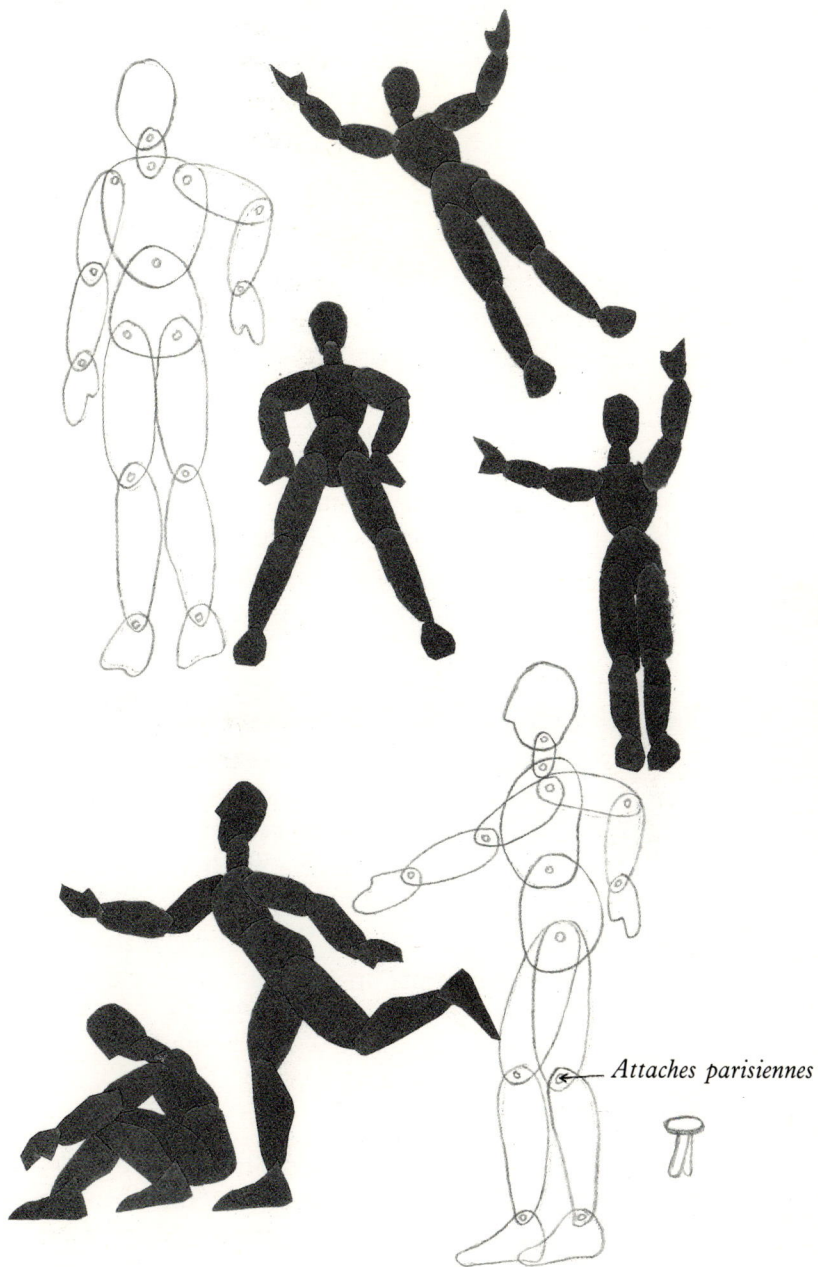

Attaches parisiennes

Découpages - Crayon

ont la même longueur et que *lorsque le bras pend le long du corps l'extrémité des doigts atteint le milieu de la cuisse* (*fig. 38*).

Morphologie

Outre les proportions, *les articulations* jouent un rôle important dans la forme.

Très schématiquement, l'architecture du corps humain se compose d'une colonne vertébrale. Au sommet, la tête. En bas, le bassin d'où partent les membres inférieurs.

La tête s'articule sur le cou, le cou sur le thorax. Les épaules, les coudes, les poignets sont les articulations principales des membres supérieurs ; les hanches, les genoux, les chevilles celles des membres inférieurs ; le buste tourne sur le bassin.

La morphologie est différente chez l'homme et chez la femme. L'homme a généralement le buste long et large, les hanches étroites, les jambes longues. La femme a le buste étroit, la taille haute et marquée, le bassin large. Mais il est évident que chaque individu diffère d'une façon ou d'une autre de ce « canon » type. Ces remarques générales permettent d'étudier en l'imaginant un personnage ; soit en construisant un pantin que l'on peut faire bouger et observer (*planche 63*), soit en dessinant par quelques traits un schéma qui permet de représenter facilement le mouvement (*fig. 39*).

Mouvement et sentiment

On peut à partir de ces éléments très simplifiés, remarquer l'importance du *centre de gravité* qui permet dans les positions d'équilibre de tenir sur ses pieds. Lorsque le corps se déplace, il y a une perte d'équilibre qui est

Homme : mouvements

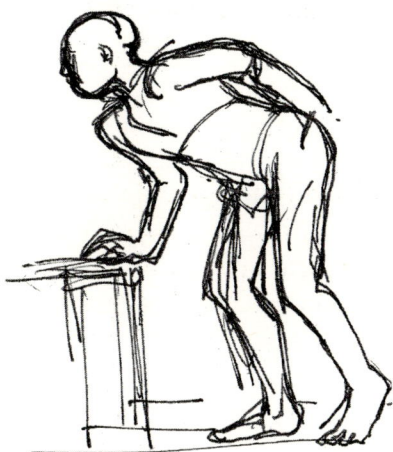

Feutre

rattrapée par le mouvement ; sans mouvement le corps tomberait. Les positions d'efforts (porter, traîner ou pousser quelque chose) ou les positions en appui montrent l'importance de cette notion (*planche 64*).

Mais l'idée que l'on a de l'homme ne se limite pas à cette notion d'espèce animale d'un type particulier. Elle est plus encore que pour l'animal imprégnée de sentiments auxquels viennent s'ajouter, suivant les pays, les époques, les modes, des notions esthétiques particulières (notion de beauté, de laideur).

D'autre part, le vêtement joue un rôle important dans l'aspect extérieur. En masquant le corps, il change la forme, mais il doit toujours être dessiné par rapport au nu qu'il cache.

Du dessin d'imagination, il faut très vite passer au dessin d'observation. L'observation permet d'enrichir le vocabulaire, de contrôler les masses, les volumes, le mouvement.

Premiers croquis

Il s'agit au début de *faire des croquis, d'ébaucher la forme* et *d'essayer de traduire en même temps la justesse des mouvements et celle des proportions.* L'observation se fait au départ d'après un modèle parfaitement immobile.

Un bon exercice consiste à transcrire sur le papier sans regarder le dessin, les lignes principales du modèle, contours et détails importants.

Il ne faut pas quitter le modèle des yeux, ni lever le crayon sinon on perd le fil du dessin. Cela oblige à une observation précise et soutenue et aide à comprendre et ressentir une forme dans son entier.

Le dessin est souvent peu ressemblant mais il est par contre particulièrement expressif. Ce qui est important

Homme : croquis

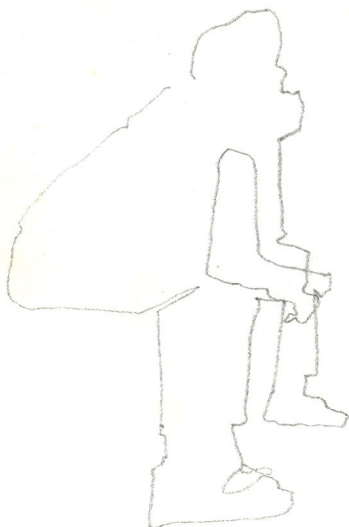

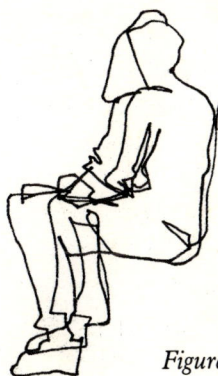

Figure 40

Figure 41

Crayon - Feutre

Homme : croquis au pinceau

Encre de Chine/pinceau

d'ailleurs, n'est pas sur la feuille mais dans l'esprit du dessinateur (*fig. 40*).

On peut ensuite exécuter quelques dessins rapides sans s'encombrer de détails, en visant à l'exactitude du mouvement et des proportions, la ligne des épaules, de la poitrine, du bassin, des genoux, la vérification des aplombs et des niveaux permet une mise en place correcte des personnages (*fig. 41*).

Dans une autre forme d'exercice, on utilise le pinceau et on travaille la tache plus que la ligne. On laisse de côté les détails en s'attachant au mouvement. Le pinceau ne permet pas de repentir, il faut décider vite et d'une façon irréversible. Cet exercice permet de réduire l'image à l'essentiel (*planche 66*).

Courbes et volumes

La bonne connaissance de l'anatomie et des détails (mains, pieds, articulations, attaches...) aide au dessin de l'ensemble. Il faut en étudier la construction, la raison organique, le mouvement et porter une attention particulière aux courbes et aux volumes (*planche 67*).

Le problème de la représentation du volume se pose dès que l'on cesse de voir le personnage debout, les bras le long du corps, de face ou de profil. Qu'il bouge et certaines parties du corps n'apparaissent plus dans un plan frontal et semblent déformées, raccourcies. Dans certaines positions c'est le corps tout entier qui est vu en raccourci (un personnage couché vu du pied de son lit par exemple). Il est nécessaire alors de bien vérifier les niveaux et les aplombs qui permettent de repérer les hauteurs et les largeurs.

Souvent les valeurs permettent de mettre en évidence le volume dans les cas de tels raccourcis (*planche 68*).

Une fois toutes ces données bien assimilées, il faut lais-

Homme : détails

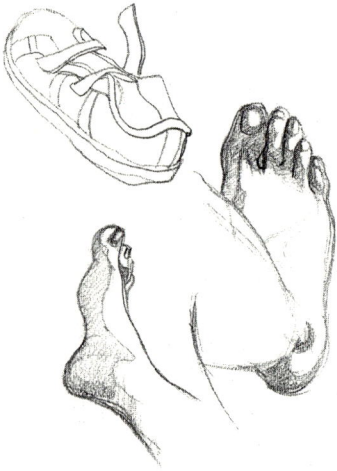

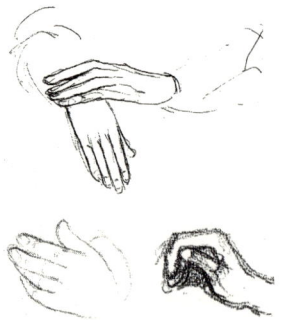

Crayon - Stylo-bille

Homme : attitudes

Crayon - Crayon-fusain

ser libre cours à l'invention graphique, privilégier l'expression à la justesse des proportions, et faire ressortir le caractère par l'utilisation des techniques appropriées !

Portrait

Un chapitre particulier doit être consacré à l'étude de la tête, même si elle n'est qu'un élément, un détail du corps humain. Mais elle est plus caractéristique de l'individu que les autres parties du corps.

C'est sur le visage que se traduit avec le plus d'évidence le caractère d'un personnage, ce qu'il est, ce qu'il ressent, ce qu'il exprime. C'est beaucoup plus par la traduction de ce caractère que par l'exactitude du dessin que le portrait sera convaincant. Mais pour saisir ce caractère il faut d'abord savoir dessiner un visage !

La vue de profil et la vue de face permettent de montrer comment se compose la tête humaine.

De profil

La vue de profil est généralement plus facile à dessiner pour les débutants. Elle fait apparaître les proportions et les reliefs.

Il faut *d'abord placer les points extrêmes de la tête* : sur les côtés, le bout du nez, l'occiput ; en haut le sommet du crâne, en bas la pointe du menton ; un rectangle contient toutes les autres formes.

Il faut observer : la direction du front, du nez, son importance dans le visage, sa forme, la hauteur de la bouche, la pente du menton, la forme de la mâchoire (dont la ligne se prolonge jusqu'à l'oreille) ; bien placer le triangle de l'œil, la narine, l'aile du nez, la grandeur

Portrait : construction

Figure 42

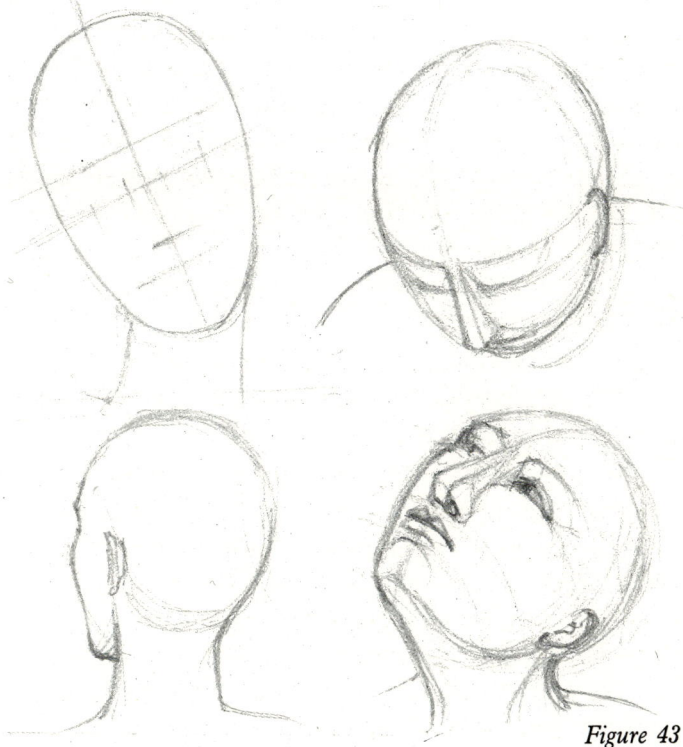

Figure 43

Crayon

et l'épaisseur des lèvres. Il faut faire attention à la largeur de la joue (l'oreille se trouve en général approximativement au centre de la tête vue sous cet angle), au volume du crâne ou de la chevelure (que l'on a souvent tendance à sous-estimer) ; à l'attache du cou sur la tête.

De face

La vue de face est parfois plus expressive que la vue de profil. Le relief du nez n'y apparaît que par les valeurs d'ombre et de lumière ; mais le regard et la bouche ne subissent pas de déformations de perspective.

Après avoir placé les points extrêmes de la forme (comme pour la vue de profil) *on trace l'axe de symétrie verticale qui suit la ligne du nez*. Perpendiculairement à cet axe se tracent les lignes des sourcils, des yeux, des narines, de la bouche.

Les yeux sont situés en général à la moitié de la hauteur totale de la tête et l'écartement entre les yeux est égal à la largeur d'un œil (comme si un troisième œil se trouvait là).

Il reste à *déterminer le niveau de la chevelure*, son dessin, son volume ; les sourcils, la hauteur du nez, des oreilles, de l'ouverture de la bouche, l'épaisseur des lèvres. Par des aplombs on vérifie la largeur des sourcils, du nez, de la bouche, des joues, de la chevelure, du cou. On compare, on corrige.

Ensuite la forme de chacun de ces éléments est dessinée : la courbe de la joue, de la mâchoire, l'épaisseur et la forme des sourcils, celle des yeux, des narines, des ailes du nez, les proportions des lèvres, l'expression de la bouche (*fig. 42*).

Lorsque le visage apparaît sous un angle différent, des déformations de perspective interviennent, comme c'est le cas pour tous les volumes. Les grandeurs, les dimen-

Portrait : chevelure

Feutre - Crayon - Encre de Chine/plume et pinceau

Portrait : les yeux et la bouche

Crayon

PLANCHE 72

Portrait : expressions

Crayon - Feutre

sions, les formes changent. C'est toujours par l'observation rigoureuse, sa traduction en schémas, l'utilisation
des repères verticaux et horizontaux, des lignes directrices que se met en place le dessin (*fig. 43*).

Des cheveux à la bouche

Le dessin de la chevelure demande une attention très
particulière. En même temps qu'elle complète le visage,
la coiffure forme avec lui des contrastes de lignes, de
matières, de couleurs, d'un grand intérêt graphique et
qui doivent être mis en évidence grâce à des valeurs, des
structures, des matières. La qualité du cheveu, son organisation dans la coiffure en mèches de longueurs et de
formes différentes, organisées de multiples façons, leur
couleur et leur brillant peuvent être le sujet de nombreuses études (*planche 70*).

Il est toujours bon d'étudier des détails du visage pris
séparément du reste : *les yeux*, en faisant attention à leur
alignement et à la justesse du regard (attention aux problèmes de strabisme !) qui s'obtient par un bon dessin
de l'iris de l'œil, de la pupille et des reflets.

Le nez et *la bouche* en s'appliquant à la traduction
du volume et des lignes principales (narines, ailes du nez,
ligne d'ouverture de la bouche, relief des lèvres...) (*planche 71*).

Caractère et expression

La difficulté essentielle du dessin du visage tient à la
représentation *du caractère* et *de l'expression*. C'est *la
mobilité* qui détermine l'expression : qu'un élément
bouge et c'est tout le visage qui se transforme. Du rire
à la colère, de la rêverie à la réflexion... chaque état
influe sur la forme (*planche 72*).

Portrait : croquis sur le vif

Crayon gras

Portrait : lignes et reliefs du visage

Crayon-fusain

Portrait : valeurs d'ombres

Crayon-fusain

PLANCHE 76

Portrait : étude de caractère

Encre de Chine/pinceau

Le caractère est différent de l'expression en ce qu'il demeure au-delà des mouvements et des états d'âme. Tout l'art du portrait est de le traduire. Il faut d'abord le rechercher dans la forme apparente : est-ce la forme du menton, la petitesse des yeux, le pli de la bouche, la largeur des pommettes, l'étroitesse du front, la lumière du regard... qui caractérise le modèle ? Sous quel angle apparaît-il avec le plus de force ?

Il faut ensuite rechercher par quel moyen l'exprimer. Le trait, la ligne, les valeurs, les matières, les effets d'ombres, de perspectives, les rapports entre la forme et le fond sont autant de procédés adaptés à cette expression.

Les portraits se font le plus souvent à partir de modèles vivants dont on fait nombre de croquis pour rechercher ce qui les caractérise et comment le traduire au mieux (*planches 73-74-75-76*).

Portrait-photo

Les documents photographiques sont exploitables de plusieurs façons :
— Soit la photographie sert de référence de forme au même titre qu'un objet ou un dessin.
— Soit on l'exploite directement en travaillant sur calque, en recherchant les lignes, les formes, les valeurs qui peuvent être intéressantes ou expressives.

On peut par exemple délimiter par une ligne, les zones formées par les valeurs différentes sur la photo ; choisir ainsi deux ou plusieurs intensités et en cerner le contour.

Il suffit ensuite de reporter le dessin sur une feuille normale, au même format ou en l'agrandissant ou en le déformant par la technique du carré, et de remplir les surfaces ainsi délimitées par des valeurs, des structures ou des trames, pour obtenir un dessin tout autre

Portrait - photo

Crayon - Encre de Chine - Feutre

Portrait géant

Agrandissement

Déformation
Crayon

que le modèle bien que leurs rapports soient très évidents (*planche 77*).

Portrait géant

L'agrandissement au carré se fait de la façon suivante :
— On trace sur le document original un quadrillage, en général à l'aide de papier calque pour ne pas l'abîmer.
— On trace ensuite sur le support du dessin un autre quadrillage proportionnel au premier (en respectant les proportions, le dessin doit être x fois plus grand ou plus petit que le modèle). On numérote les carrés horizontalement et verticalement puis on reproduit le plus fidèlement possible le dessin à l'intérieur de chaque carré. On obtient en fin de compte un dessin x fois plus grand ou plus petit que l'original.
Pour déformer le dessin il suffit de transformer les carrés en rectangles sur le dessin pour que la forme apparaisse plus allongée ou élargie comme à travers un miroir déformant (*planche 78*).

Caricature

La caricature ou dessin satirique est une *forme outrée du dessin* d'un personnage par déformation ou exagération d'une particularité de l'individu.

Cette forme de dessin existe depuis très longtemps mais s'est développée particulièrement aux XIXe et XXe siècles grâce à la grande diffusion de la presse écrite.

Chaque individu, nous l'avons vu, diffère d'un autre par une quantité de détails, de traits caractéristiques souvent anodins. Ce sont ces traits qu'il faut d'abord déceler, puis analyser pour savoir ce qui en fait la

Caricature : variations sur un personnage

Crayon

Caricature : portraits-charges

Crayon

particularité : les proportions (grandes jambes, mollets maigres, bassin large, épaules étroites...), le mouvement (raide, mou, ventre en avant, dos voûté, tête droite...), les détails (pieds, mains, membres...), le vêtement, le visage, et, dans le visage, la forme du crâne, du nez, les yeux, la bouche, la coiffure, la barbe, l'expression.

On doit ensuite rechercher comment les rendre grotesques : en exagérant les formes, en changeant les proportions, en soulignant les analogies (*planche 79*).

L'angle sous lequel est représenté le personnage est important : le strabisme d'un regard s'exprime mieux de face, la difformité d'un nez apparaît avec plus d'évidence de profil ; mais les vues de 3/4, plongeantes ou en contre-plongée sont quelquefois aussi expressives.

Les caricatures sont dessinées soit à partir de portraits ou d'esquisses faits sur le vif, soit en travaillant de mémoire, soit à partir de photographies qui permettent des recherches graphiques de rythmes, de lignes, de valeurs. Elles sont alors exécutées sur papier calque posé directement sur le document.

Les « portraits-charges » sont toujours la traduction d'une impression personnelle, d'un sentiment face au modèle et qui va s'exprimer avec tellement de force que personne ne peut aller contre cette conviction (*planche 80*).

Chaque caractère et chaque intention sont traduits par des techniques qui à chaque fois expriment le mieux la volonté du dessinateur (traits, valeurs, lignes de contour ou rythmes internes).

Croquis

Le croquis est *un dessin rapide à main levée*. À la différence de l'esquisse qui est le tracé premier d'un dessin

Croquis : animaux - paysages

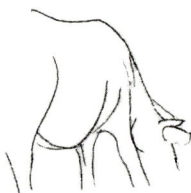

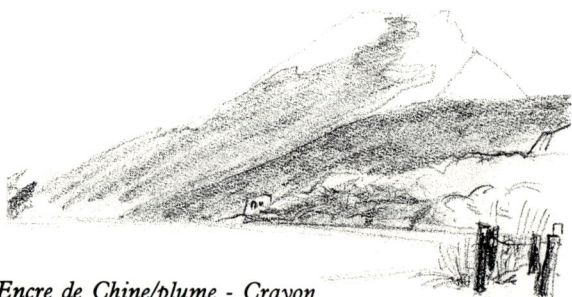

Encre de Chine/plume - Crayon

Croquis : personnages

Crayon - Feutre

destiné à être complété, repris, corrigé, le croquis, malgré la rapidité avec laquelle il est exécuté, est un dessin définitif.

C'est probablement la forme de dessin la plus spontanée, la plus personnelle, la plus riche et en même temps la moins aboutie.

La rapidité de son exécution (de quelques secondes à quelques minutes) ne nécessite pas une longue préparation ; souvent on ne choisit pas l'endroit à l'avance, il s'impose de lui-même ; le sujet peut être fugace ; la mise en page est approximative. C'est la traduction d'une première impression, comme un cri.

C'est le dessin de l'instantané : il est impossible de tricher.

Il se situe en dehors des modes, des styles ; à travers les âges on le retrouve avec toujours le même caractère de spontanéité ; il est une recherche à l'état premier, une question toujours répétée.

Le carnet de croquis est une sorte de journal intime où sont notées les formes, les images, les impressions. C'est de là que vient sa richesse : richesse d'une documentation pour celui qui le pratique, une documentation qui n'est pas seulement celle des formes visibles (comme le seraient des photographies) mais aussi de ce qui accompagne le visible, ce qui a produit l'émotion, du signe par lequel elle a été traduite.

C'est aussi un *extraordinaire entraînement pour l'œil et pour la main*. On ne peut pas hésiter, reprendre, gommer, recommencer.

C'est un dessin vivant, souvent inachevé, mais qui ouvre l'esprit, excite la curiosité, agit comme un apéritif. Il développe le jugement et la connaissance des formes. Il est un reflet de la personnalité.

Le croquis doit être pratiqué le plus souvent possible car il n'y a pas meilleur moyen d'apprendre...

Il suffit pour cela d'avoir toujours sur soi, un carnet de croquis, aussi petit soit-il, quelque chose pour écrire : crayon ou stylo ; et d'être attentif à tout… un objet, une plante, un animal, un personnage, un geste, une lumière, une expression. Peu importe que le dessin ne soit pas terminé : on peut le recommencer indéfiniment (*planche 81-82*).

Au lieu de voir sans regarder, de regarder sans retenir, le croquis permet de fixer l'instant, de s'imprégner de la forme, même si elle est incomplète sur le papier et surtout il oblige à dessiner… dessiner… dessiner…

Quatrième partie

Les différentes formes de dessins

Si le dessin d'après nature permet d'étudier les formes d'une façon très sérieuse et d'acquérir un vocabulaire plastique d'une grande richesse, il existe bien d'autres formes de dessins.

Certaines s'inspirent de la nature, mais on peut aussi inventer des formes qui ne ressemblent pas aux formes naturelles ou créer des dessins abstraits.

On dessine pour des quantités de raisons et il est bien difficile de classer cette forme d'expression en séries rigides et figées. Mais c'est aussi un langage qui peut s'adapter à des destinations multiples ; et les quelques exemples qui suivent montrent quelques-unes des nombreuses possibilités.

LE DESSIN D'IMAGINATION

L'imagination est la faculté de former des images par la pensée. Le dessin d'imagination est donc la transcription de ces images formées par l'esprit. Elles sont le plus souvent d'une richesse extraordinaire, mais leur traduction est très difficile.

« *L'inspiration ne forme rien sans matière.* » C'est pourquoi il est important de posséder un vocabulaire de formes très étendu. Il s'agit le plus souvent d'utiliser des formes souvenirs que l'on a emmagasinées de toutes sortes de façons : les croquis, les études plus approfondies de détails, d'objets, d'ensembles, de photographies, de reproductions. La mémoire visuelle et la réflexion permettent également de les retrouver.

Il faut les choisir, les organiser. On part de ces formes naturelles et on les transforme pour les adapter aux exigences du nouveau dessin.

Tout est possible : les changements d'échelles, de proportions, de lignes, de rythmes, de valeurs, les associations de formes ou de détails, d'origine et de caractère différents (technique largement utilisée par les peintres surréalistes), les transpositions... (*planche 83*).

Mais les formes utilisées dans le dessin d'imagination ne sont pas toujours dérivées de celles de la nature ; les formes géométriques, les taches, les lignes, les valeurs,

Dessin d'imagination (I)

Association de formes

Rythmes

Une tache...

Transpositions

Crayon - Stylo-bille - Encre de Chine/lavis - Pinceau

Dessin d'imagination (II) : jeux graphiques

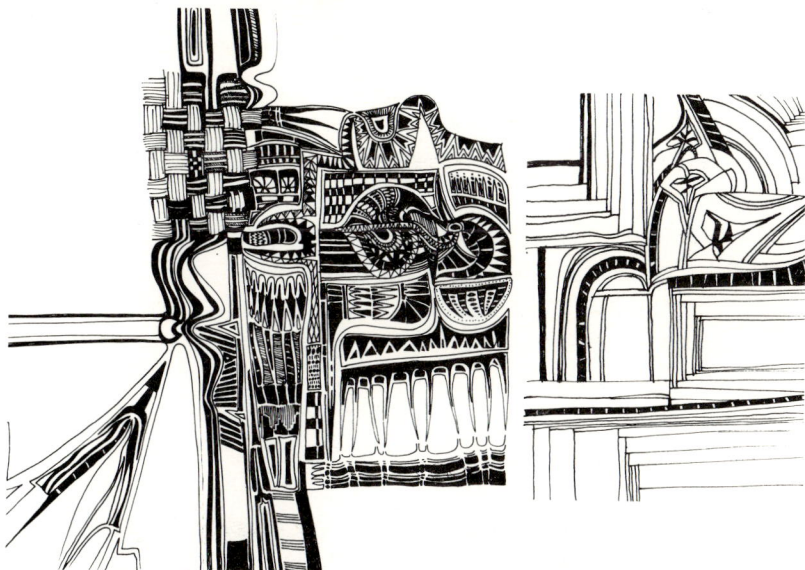

Collages - Feutre

toutes les combinaisons formées avec les signes graphiques ou les effets de matière et qui ne ressemblent pas forcément à quelque chose peuvent exprimer une idée ou servir de support à l'imaginaire.

Une tache, une ligne peuvent évoquer une forme, l'imagination s'en empare, la forme en appelle une autre et le dessin s'organise comme une réaction en chaîne ou petit à petit en un jeu de construction.

Les dessins automatiques, ceux que l'on trace sans réfléchir, conduits uniquement par le geste sont aussi générateurs de forme.

Le jeu enfin conduit à l'expression graphique. Il suffit d'énoncer des règles souvent simples, à partir d'éléments plus ou moins complexes, points, lignes, formes, rythmes pour que l'imagination suive le tracé, le module, le transforme et recrée à partir de là quelque chose de différent qui peut aller jusqu'à la non-figuration.

LE DESSIN DE DÉCORATION

Le besoin de décorer est ancré dans l'homme depuis toujours.

Le dessin de décoration concerne uniquement l'aspect extérieur des choses : il n'exprime pas, il embellit. Décorer c'est mettre des ornements. L'ornement n'a pas une autonomie comme celle de l'image ; la forme ornementale est toujours conçue, dessinée, étudiée en fonction d'une autre forme qu'elle doit animer, orner, enrichir. Elle est soumise à une surface ou un objet sur lequel elle intervient avec plus ou moins de discrétion. La nature de l'objet décoré a une influence déterminante sur l'ornement qui le décore : forme, matière, organisation doivent correspondre, s'accorder exactement.

L'élément décoratif peut être multiforme. Il s'agit parfois de motifs simples : points, lignes, formes géométriques (*fig. 1*) ; parfois plus complexes ils sont traditionnels : la spirale, l'entrelacs, l'arabesque (*fig. 2-3-4*) ; souvent ils imitent ou reprennent les formes naturelles en les transposant, les simplifiant, les déformant pour les adapter aux contraintes du cadre ou de la technique.

On transpose toujours une forme dans un but bien défini : on peut la simplifier pour la rendre plus lisible (schéma, silhouette) (*fig. 5*).

Dessin de décoration (I)

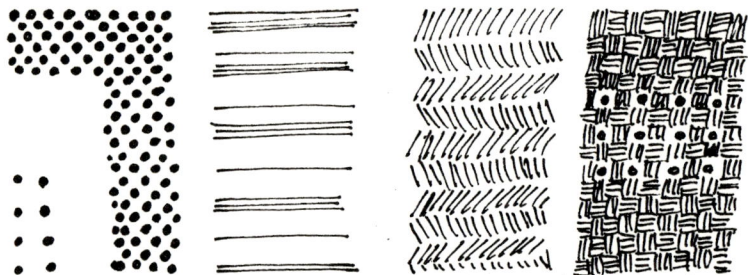

Figure 1

Figure 2

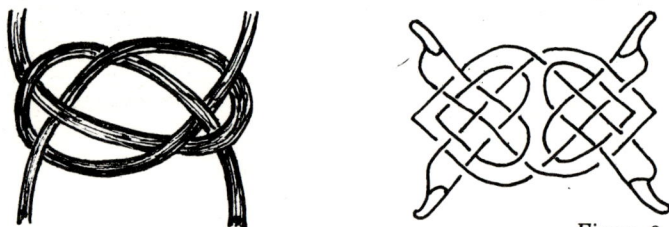

Figure 3

Figure 4

Feutre

Dessin de décoration (II)

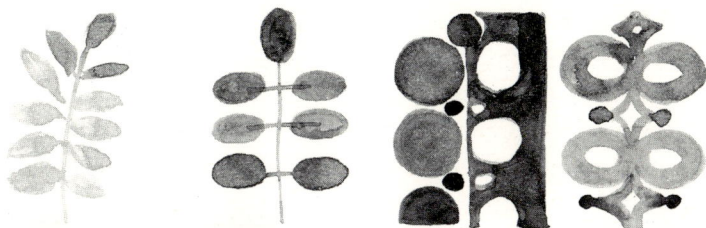

Figure 5

 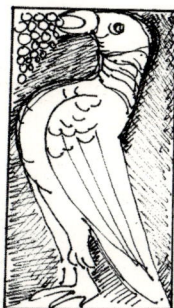 

Figure 6

Figure 7

Encre de Chine/pinceau - Feutre fin

On peut dégager d'elle ses caractères les plus expressifs, la plier aux impératifs du cadre.

Le cadre limite la surface et le décor doit s'inscrire au mieux dans cette surface : pour cela interviennent des changements de directions, de proportions, de mouvements et de formes (*fig. 6*).

On peut aussi l'interpréter en recherchant des rythmes, une organisation interne, des analogies.

On peut la transformer par des graphismes, des valeurs, des structures.

Le motif peut être utilisé seul, mais le plus souvent, et surtout lorsqu'il s'agit d'un motif simple, il est répété. Cette répétition tend à lui donner plus de force, à affirmer son caractère, à rythmer et animer la surface. La répétition du motif peut former un nouveau motif ou groupe de motifs que l'on appelle module et qui peut se répéter à son tour. La répétition peut se faire d'une façon ordonnée (frises, bordures, bandeaux, jeux de fonds, décors de surfaces fermées) ou irrégulière.

Toutes sortes de principes décoratifs en découlent : les renversements, les rotations qui donnent l'alternance, l'inversion, la symétrie, le rayonnement, la superposition, les dispositions concentriques... Les variations sont innombrables (*fig. 7*).

Tous les styles de dessin peuvent être utilisés en décoration, du plus naturaliste au tout à fait abstrait, de la géométrie pure à la forme la plus lyrique.

Le problème est toujours d'adapter le mieux possible les moyens graphiques à une bonne expression plastique.

LE DESSIN D'EXPLICATION

Raconter une forme par le verbe ou l'écriture n'est pas toujours chose facile. Le récit s'accompagne de gestes, les phrases s'accumulent. La longueur de l'histoire en fait perdre le fil. À l'inverse, sa trop grande concision nuit à sa compréhension.

Le dessin est concis, clair, complet, lu d'un seul regard en un instant; il est durable, on peut le revoir, le commenter. Il permet d'expliquer une situation, un objet, un ensemble de choses, avec plus d'efficacité que ne le font les phrases parlées ou écrites.

Pour expliquer il faut bien sûr se faire comprendre. Le dessin d'explication a pour première exigence d'*être clair* et *compréhensible* pour tous ceux à qui il s'adresse ; un dessin confus, mal mis en place, incomplet, aux proportions erronées ne donnera pas une idée juste de ce qu'il veut expliquer ou montrer.

Le dessin d'explication n'a pas pour but une exigence plastique pure. Bien sûr il peut être dessiné avec soin, bien organisé dans la page mais son objectif n'est pas de plaire ou d'exprimer. C'est un *dessin analytique* qui fait comprendre par un langage graphique, non seulement l'extérieur d'une forme mais aussi ce qui la constitue. Comme tous les langages il utilise des conventions, conventions graphiques que l'on énonce au fur et à mesure qu'on le construit, ou qui sont définies à l'avance.

Il s'agit toujours d'un dessin figuratif, de mémoire, d'imagination, ou d'analyse que l'on représente d'un point de vue défini et selon des conventions établies.

Le plus souvent c'est un dessin rapide au trait, avec peu ou pas de valeurs, et qui représente l'essentiel de ce que l'on veut expliquer. Les détails secondaires disparaissent. C'est un croquis que l'on fait à main levée.

Croquis coté

Le croquis coté que l'on utilise en dessin industriel est un dessin que l'on exécute *à l'aide d'instruments de tracé* (règles graduées, compas...). C'est un dessin d'explication directement utilisable par les techniciens car il est exécuté à l'échelle de l'objet que l'on veut représenter et selon des vues qui le caractérisent, et qui sont convenues à l'avance.

On imagine que l'objet se trouve à l'intérieur d'un parallélépipède rectangle et que l'on projette sur les faces de ce parallélépipède les faces de l'objet qui lui sont parallèles. On a ainsi une vue de dessous, de dessus, et quatre vues de côté : devant, derrière, à droite, à gauche.

On les dessine à l'échelle, la vue de droite à gauche, la vue de gauche à droite ; celle de dessus, dessous et celle de dessous, dessus.

Les dimensions correspondantes et les cotes sont indiquées par des flèches parallèles aux dimensions du dessin.

Dessin d'architecture

Un « dessin d'archi » est avant tout un dessin d'explica-

PLANCHE 87

Dessin d'architecture (I)

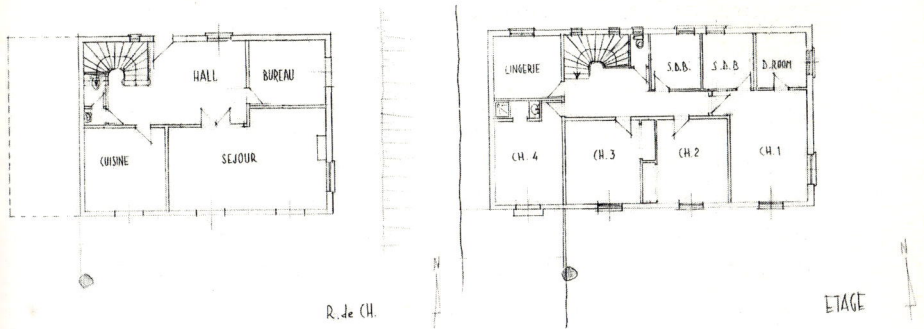

R. de CH.   ETAGE

Plans

FACADE AVANT

Élévations

FACADE ARRIERE

Crayon

Dessin d'architecture (II)

Épure

Encre de Chine/plume

Dessin d'architecture (III)

Reconstitution d'une façade

Encre de Chine/plume tubulaire

tion : il doit situer par un plan des élévations, des coupes, une construction ou un ensemble de constructions dans un site donné, ainsi que l'organisation intérieure de ces constructions.

• *Le plan* est *une coupe horizontale* faite à 1 mètre du sol de chacun des différents niveaux du bâtiment. Figurent sur le plan tous les éléments qui se trouvent à son niveau et sont indiqués en ligne pointillée les éléments qui, tout en étant à ce même niveau, se trouvent au-dessus de la ligne de coupe.

• *La coupe* est un dessin à un endroit donné d'une partie du bâtiment comme s'il était « coupé » *verticalement* à cet endroit-là. Des conventions de tracé font apparaître les vides et les pleins.

• *L'élévation* est le dessin des façades ou de ce qui est vertical. Les façades ne sont pas uniquement ce que l'on voit de face mais aussi les côtés et le dos du bâtiment. Comme dans le croquis coté, le dessin est fait à l'échelle et toutes les dimensions du plan correspondent les unes avec les autres.

Quelquefois, pour mieux faire comprendre le volume, l'architecte exécute *une « épure »* ou *dessin en perspective* sur laquelle apparaissent parfois les ombres (*planche 88*).

Le croquis coté et le dessin de l'architecte sont des dessins techniques dont il faut approfondir l'étude pour pouvoir les pratiquer correctement.

LE DESSIN D'ILLUSTRATION

Le dessin d'illustration est un dessin décoratif dont le but n'est pas seulement d'embellir. Il a pour autre fonction de mettre en valeur, un texte, une idée, un produit.

Avec son action puissante sur l'imaginaire et sa force de conviction, l'image traduit, en le résumant, le texte sur lequel elle s'appuie. Elle le souligne, l'affirme, le fait ressortir, mais elle doit le traduire fidèlement.

Elle est en même temps dépendante, bien sûr de la sensibilité de celui qui la crée, du public auquel elle s'adresse mais surtout des moyens par lesquels elle s'exprime. L'illustration d'un livre n'a ni le même but, ni le même caractère que l'illustration en publicité et, même dans le domaine du livre, il y a une grande différence de conception, de travail et d'intention entre, par exemple, la plaquette illustrée et la bande dessinée...

La fidélité du sujet demande une analyse poussée : rechercher les points importants et choisir ceux que l'on veut mettre en évidence — choix du sujet — choix du détail — choix du moment : l'attention doit être soutenue jusqu'au bout ; il ne faut pas surcharger d'images une partie du texte et laisser l'autre sans illustration.

Rechercher également ce qui fait la particularité du sujet : son caractère, son atmosphère. Rechercher enfin à quel public est adressé le texte ou le message.

La compréhension du sujet est à la fois objective et subjective. Il faut « faire passer » ce que l'on a compris, ce que l'on a ressenti.

L'expression est directement liée aux exigences matérielles et aux moyens plastiques mis en œuvre : le support, le format, le cadre, les techniques d'impression sont autant de contraintes auxquelles il faut se plier :
• *Le support horizontal ou vertical* (le livre, le dépliant, l'affiche).
• *Le format* : grand, petit, mais aussi les proportions : plus haut que large, qui se déplie horizontalement ou verticalement, dans le sens d'une lecture ou sans direction particulière...
• *Le cadre*, à l'intérieur du format : illustration, pleine page...
• *Les techniques d'impression* : elles sont innombrables. Certaines permettent l'expression des valeurs par différents gris, d'autres ne tolèrent que les noirs et les blancs.

Les moyens plastiques dépendent eux aussi des exigences matérielles mais il vient s'y ajouter les problèmes de forme. La recherche des formes s'appuie sur une *solide documentation* (croquis, photos, dessins) qu'il faut redessiner, mettre en page, cadrer...

Il faut ensuite *définir un style* qui traduira le caractère de l'œuvre que l'on illustre. Ce style fait appel au travail de lignes, valeurs, contrastes, structures.

Enfin, il est essentiel de garder tout au long de l'ouvrage *une grande unité* : éviter de passer d'un dessin en valeur à un dessin linéaire ou formé de contrastes violents.

L'illustration donne actuellement la priorité à l'image photographique ; elle correspond en bien des points aux critères requis pour une bonne illustration : lisible, convaincante, facile à cadrer, riche en valeurs, nuances, contrastes... Cependant sa dépendance vis-à-vis du sujet traité laisse moins de liberté qu'une image dessinée qui peut, tout en restant lisible et riche, faire fi de la réalité (profondeur, proportions, ressemblance).

Deux formes d'illustrations me paraissent devoir faire l'objet d'une remarque particulière :

• *Le dessin humoristique* — pas seulement caricatural — qui accompagne un texte ou évoque un événement : seul le dessin peut concentrer avec autant de force et d'expression tout ce qui fait le sel d'une situation, car il ne montre que l'essentiel, laissant de côté tout le reste ; il sort le sujet du paysage, n'hésite pas à le déformer et prend toutes libertés avec la réalité qu'il transforme et adapte.

Sa force est telle que le texte est souvent succinct, voire inutile et l'on assiste au paradoxe d'un dessin d'illustration qui prend la place du sujet qu'il ne devrait qu'accompagner.

• *La bande dessinée* peut être aussi considérée comme une forme de dessin d'illustration. Elle réunit en une même technique celle du dessin, de l'écriture et du cinéma :

— Le dessin parce que bien sûr c'est l'aspect essentiel de la bande dessinée.

— L'écriture car c'est un dessin qui se « lit » au sens propre du terme : il y a mouvement et sens de lecture ; les images se suivent horizontalement de la gauche vers la droite et de haut en bas.

— Le cinéma car elle utilise les aspects des images séquentielles propres à l'art cinématographique — décomposition du mouvement, plans américains, etc.

Le texte qui accompagne l'image est le plus souvent écrit sous forme de dialogues et inscrit à l'intérieur de « bulles » de formes différentes.

Le dessin des lettres est lui-même différent suivant leur signification : des caractères qui rapetissent peuvent indiquer un bruit qui s'atténue. Elles peuvent aussi envahir l'image et indiquer le bruit, les cris... Le plus souvent le texte s'accompagne de signes conventionnels ou compris par tous les lecteurs ; étoiles, nuages, éclats, etc.

Pour réaliser une bande dessinée, il faut au départ, bien sûr, avoir une histoire à raconter c'est le *scénario*, que l'on va découper en *séquences* : il faut faire le choix de ce que l'on va représenter ; certains passages de l'histoire peuvent être écourtés, d'autres plus développés.

À chaque séquence correspond un certain nombre de *vignettes* qui vont constituer tous les morceaux de l'histoire.

Suivant le nombre de vignettes, leur importance, la grandeur de la page et le nombre de pages utilisées, il faut faire le *découpage dans la feuille en respectant le sens de la lecture*. Il est souvent plus facile et plus lisible de les organiser en rectangles de tailles différentes suivant l'importance des dessins qu'ils représentent, alignés sur des horizontales ; mais beaucoup de dessinateurs font fi de cette règle sans que leur ouvrage perde en qualité !

Les vignettes doivent être séparées par une marge, horizontalement et verticalement ; parfois le dessin peut en sortir. Il arrive aussi que certaines vignettes occupent toute une page.

La mise en page étant faite, il faut passer à l'exécution des dessins à l'intérieur de chacune des vignettes. Il est indispensable qu'il y ait *unité de style*, d'un bout à l'autre de l'histoire. Il faut donc choisir la technique utilisée, travail au trait ou en valeurs, plume, feutre ou pinceau, recherche de réalisme ou simplification des formes.

Il est tout à fait nécessaire d'avoir une bonne documentation ou un vocabulaire de forme très étendu.

On commence *la mise en place* au crayon, *sans oublier*

la place du texte. Puis la mise au net se fait au stylo ou au pinceau... Souvent les vignettes sont cernées d'un trait, mais parfois le fond suffit à les faire ressortir de la page.

Il faut enfin *écrire le texte d'une façon lisible*, même si le dessin des caractères varie suivant les histoires qui sont racontées ou les sentiments qui sont exprimés. Il ne faut pas oublier non plus que certains signes dessinés ont des significations conventionnelles au même titre que les lettres (fleurs, cœurs, étoiles...) et que la bande dessinée fait usage de nombreuses onomatopées.

Les formes de la bande dessinée varient à l'infini autant par leur volume que par leur style, et la création d'une bande dessinée est toujours quelque chose d'individuel, toutes les règles pouvant être bousculées. Sa seule exigence est d'être comprise par ceux à qui elle s'adresse !

LE DESSIN ABSTRAIT

On appelle abstraction, l'opération de l'esprit qui isole d'une notion un élément en négligeant les autres.

En dessin, l'abstraction est le fait de laisser de côté l'imitation ou la représentation des formes visibles. Par l'abstraction on cherche à représenter autre chose que les formes réelles ou connues et si nous avons de la peine à comprendre cela, c'est que le dessin est un langage de formes et une expression du visible et qu'il s'exprime par la forme et par le visible.

Faire abstraction du sujet c'est délaisser le côté figuratif pour s'attacher à l'essence du dessin en soi : lignes, surfaces ont une qualité qui leur est propre en dehors de toute ressemblance avec le sujet.

En réalité, nous l'avons vu précédemment, *l'abstrait est à l'intérieur de tout dessin* ; le dessin n'est jamais ce qu'il représente mais une interprétation, une recherche.

Il faut savoir aussi que la représentation de l'objet n'a jamais été pour l'artiste une fin en soi, ce n'est que le moyen par lequel se crée l'œuvre, et que *l'œuvre est avant tout idée*.

Un dessin abstrait est donc un dessin à travers lequel on ne reconnaît pas les formes du réel.

Tout est permis puisqu'il n'y a plus de référence. Mais la liberté de l'artiste, de créer les formes qu'il veut,

Le dessin abstrait (I)

Encre de Chine/lavis - Crayon

Le dessin abstrait (II)

Fusain

s'accompagne souvent d'une grande impuissance devant la difficulté d'un langage dont il est seul à décider et qui ne concerne que lui.

Le dessin abstrait peut être expression, construction, lyrisme... Malgré l'utilisation qui en est faite en décoration, *le décor n'est pas sa fin première.* Il doit être autonome et il a une signification et une valeur en soi.

Son exécution demande une bonne connaissance du langage plastique en ce qui concerne les lignes, les surfaces, les formes, la composition, les matières, les effets.

Il faut beaucoup de concentration pour *abandonner le sujet au profit de l'idée* en créant des formes nouvelles, des équivalences... une nouvelle expression .

Le dessin peut se faire en partant du réel et en n'en gardant que l'essence : réduire la forme à l'essentiel, l'abandonner pour le rythme ou les rapports de puissance ou de valeurs... et concentrer tout le travail sur cette unique facette de l'expression (*planche 90*).

Il peut aussi s'élaborer à partir de la construction et de la composition de formes sur la feuille, en recherchant par exemple des relations ou des équilibres (*planche 91*).

Il peut être jaillissement de l'idée par le geste, rencontre... recherche...

Dans tous les cas il exige une *sincérité totale*.

Un langage infini : l'art

Les pages qui précèdent n'ont pas la prétention de former des dessinateurs émérites. Elles ne sont là que pour inciter le lecteur à oser prendre un crayon ou tout autre instrument et à jeter sur le papier les formes qui lui parlent. Elles essaient aussi de lui donner les bases qui lui permettront d'aller au-delà du griffonnage, toujours décevant, et de découvrir les possibilités d'une forme d'expression nouvelle.

Ne nous y trompons pas ! Ce n'est pas au premier dessin que, l'inspiration aidant, les choses seront faciles.

Pour le dessin comme pour la musique, l'exercice est nécessaire. Les touches du piano ne chantent juste que lorsque le pianiste domine la technique. Il en est de même pour le dessinateur : les choses ne deviennent simples qu'après qu'il aura longtemps travaillé et qu'il se sera beaucoup exercé.

La main et l'esprit sont lents à trouver les solutions. Et encore l'appréciation change et les idées évoluent... L'esprit tend toujours à quelque chose de mieux. Le jugement se forme.

Il ne faut pas s'arrêter à la première déception, ni à la première difficulté. Il faut du courage et de l'obstination. Il faut savoir recommencer sans se décourager.

Souvent on progresse par paliers : après avoir beaucoup tâtonné et s'être beaucoup trompé, un jour les choses s'améliorent. Puis de nouveau stationnent à ce stade, sans évoluer. Plus tard encore une nouvelle étape est franchie.

C'est au bout du chemin, lorsqu'il n'est plus tout à fait nécessaire de réfléchir à la technique que le plaisir vient.

Lorsque la main, l'œil et l'esprit peuvent oublier l'exercice pour se livrer à l'expression pure.

Il faut oublier les leçons, les académismes qui disent que la forme est ceci... la ligne cela... Mais il faut aussi se méfier de la facilité, de l'idée de créativité qui se moquent des recherches profondes et laissent le dessin à un niveau superficiel.

Lorsque sont assimilées les techniques et que le geste se libère, alors à ce moment-là, et à ce moment-là seulement, il y a une véritable possibilité de recherche artistique.

Le dessin procède incontestablement de l'art ; même dans ses balbutiements il y a en lui une volonté artistique. Mais avant qu'il soit art, art pur, art total, il faut que le dessinateur aille beaucoup plus loin que l'amateurisme ou la facilité. L'art est au-delà.

Il n'arrive jamais par hasard. Ce n'est qu'à force de science, de réflexion, de concentration, de travail, de maturité, de talent que l'on peut avancer vers une véritable expression artistique. Jamais l'art n'est imitation, ni des autres, ni de la nature. Il est expression de soi. Il n'y a pas d'art sans conscience.

L'artiste ne montre jamais que ce qui est en lui. Il doit mettre au service de son œuvre toute son intelligence, sa sensibilité, sa personnalité en toute intégrité et respect de soi. Il y consacre un temps considérable. Et quand l'homme et l'œuvre ne font qu'un, quand l'accord est réalisé, alors l'œuvre devient art.

> « *L'art est une magie sug-*
> *gestive contenant à la fois*
> *l'objet et le sujet, le monde*
> *extérieur à l'artiste et*
> *l'artiste lui-même.* »
>
> Gustave Courbet

Table
des Planches

PLANCHES

Table
des Matières

Cet ouvrage,
composé par Charente-Photogravure
à Angoulême,
a été imprimé sur
les presses de Pollina
à Luçon
en mars 1985
pour les éditions Albin Michel

Numéro d'édition : 8710
Numéro d'impression : 6892
Dépôt légal : Mars 1985
Imprimé en France